기획 이진우

MBC 라디오 '이진우의 손에 잡히는 경제'의 진행자이자 경제 유튜브 '삼프로 TV'의 부대표를 맡아, 쉴 틈 없이 대중에게 다방면의 경제 이야기를 풀어내고 있습니다. 1999년부터 서울경제신문과 이데일리에서 약 15년간 경제신문 기자로 일했으며, 2010년 한국기자협회가 주는 경제보도부문 한국기자상을 수상했습니다. 알쏭달쏭한 경제를 쉽고 재미있게 전달하기 위해 노력하는 방송인.

글 글몬

도서관의 책 사이에서 태어난 몬입니다. 어릴 적엔 책 사이를 덤벙덤벙 뛰어다니다 자주 혼이 났습니다. 문예창작을 전공한 뒤 글 쓰는 글몬이 되었습니다. 몬섬의 몬들이 가상 세계 골드시티에서 좌충우돌하며 경제를 배우는 이야기를 쓰고 있습니다.

그림 지문

대학에서 역사를 공부하며 느낀 세상의 이야기들을 그림을 통로로 다양하게 전하고 있습니다. 현재 ㈜예성크리에이티브 대표, 한국어린이그림책연구회 회원이며, 강남구립도서관에서 미래의 그림 작가님들과 만나 소통하고 있습니다. 그린 책으로 코딩 동화 『팜』 시리즈와 『우리 아빠가 어때서!』, 『우리는 다양해:생물』, 『뜻밖의 재미난 이야기로 한국사를 만나는 특별한 역사책』, 『플라스틱:안 사고, 다시 쓰고, 돌려 쓰고』 등이 있고, 그린 웹툰은 〈안동 선비의 레시피〉, 〈인이와 공이의 메타버스 여행〉, 〈제가 조선의 운명을 바꿔 보겠습니다〉 등이 있습니다.

어린이를 위한 사회탐구 프로젝트

이진우 기자의 온 말리는 경제 모험

❸ 경제를 이끄는 기업

기획 이진우 | 글 글몬 | 그림 지문

아울북

차례

"어린이 경제 이야기"를 펴내며 ········· 6
프롤로그_ 돈스타 비상 대책 회의 ········· 15

1장 한낮의 납치 사건 ········· 20
원정대의 몬슝아 토크 이게 웬 날벼락?

2장 지우리, 우리가 구하러 갈게! ········· 38
원정대의 몬슝아 토크 의외의 능력 발견!
게임1 난센스 퀴즈 돈스타로 가는 지도
게임2 걸러링 퍼즐 누구의 모습일까?

3장 어리바리 인턴과 어설픈 스파이 ········· 60
이기자 리포트 기업의 탄생

4장 아슬아슬 인턴 탐구 생활 ---------- 80
- 원정대의 옹숑아 토크 회사 생활은 힘들어!
- 이기자 리포트 기업 성장의 비밀 ① 인적 자원

5장 돈스타의 수상한 연구 일지 ---------- 104
- 원정대의 옹숑아 토크 몬들이 부러운 친구들의 속마음
- 이기자 리포트 기업 성장의 비밀 ② 기술 자원
- 이기자 리포트 경제의 외부 효과

6장 벌레싹 소동의 결말은? ---------- 126
- 원정대의 옹숑아 토크 특허가 먼데?
- 이기자 리포트 기업의 사회적 책임
- 게임3 만약 나라면? 돈스타 구인

4권 미리보기 ---------- 150

"어린이 경제 이야기"를 펴내며…

　많은 부모님들이 아이에게 일찍부터 경제 교육을 시키고 싶어 합니다. 왜냐고 물으면 어릴 때부터 경제관념을 제대로 심어 주기 위해서라고 답을 하십니다. 그런데 그 '경제관념'이라는 건 도대체 뭘까요. 우리는 경제관념을 절약 정신이나 재테크 감각과 유사한 개념이라고 오해합니다. 그래서 어린이들의 경제 교육을 용돈을 아껴 쓰라고 강조하거나 은행에 가서 통장을 만들고 저금하는 법을 알려 주는 걸로 시작합니다.

경제는 합리적 선택의 결과물입니다

　저의 지인은 아이가 아이스크림을 사 달라고 하면 집 앞 편의점으로 가지 않고 일부러 한참을 가야 하는 아이스크림 할인점까지 아이를 데리고 걸어간다고 합니다. 편의점에서는 천오백 원인 아이스크림을 거기서는 천 원에 파는데, 그걸 아이에게 사 주고 돌아오면서 오백 원이라는 돈을 아끼기 위해 들인 노력을 설명해 준답니다. 왜 그렇게 하느냐고 물으니 아이에게 경제관념을 심어 주기 위해서라고 합니다. 돈의 소중함을 느끼게 하고 돈을 아껴 쓰는 습관을 길러 주는 게 경제관념을 키우는 길이라고 생각한 것 같습니다.

　그러나 경제관념이라는 건 그런 게 아닙니다. 적은 돈도 절약하고 저축해야 한다고 가르칠 게 아니라, 아이스크림 할인점에서 천 원에 파는 아이스크림이 왜 편의점에서는 천오백 원에 팔리고 있는지를 설명해 줘야 합니다. 똑같은 아이스크림이 편의점에서 더 비싼 이유를 편의점 주인이 욕심이 많기 때문이라고 설명해서도 안 됩니다. 거래 관계에서는 나쁜 사람과 착한 사람의 구별이 없다는 것, 우리 모두는 예외 없이 욕심을 갖고 있으며 모두 각자의 위치에서 가장 합리적인 선택을 할 뿐이라는 걸 알려 주는 게, 더 중요한 경제 교육입니다.

만약 같은 가격에 아이스크림을 팔면 사람들은 쉽게 접근할 수 있는 편의점으로만 가게 된다는 점, 그래서 할인점은 편의점보다 싸게 팔아야 장사를 할 수 있다는 점을 꼼꼼하게 설명해 주는 게 아이들에게 더 필요한 경제 교육입니다. 아이들은 그런 설명을 들을 때 아이스크림 가격 하나에서도 입체적인 개념을 갖게 됩니다.

경제를 접하는 아이의 경험이 중요한 이유

미국 하버드 대학교의 라즈 체티 교수는 '계층 이동성'에 대해 연구하는 학자입니다. 계층 이동성이란 쉽게 말해 저소득층 가정에서 태어난 아이가 어른이 됐을 때 고소득층으로 편입되는 걸 의미하는데요. 라즈 체티 교수의 연구는 저소득층이 고소득층으로 계층 이동을 하는 데 있어서 중요한 요인들이 무엇인가를 찾아내는 것에 초점이 맞춰져 있습니다.

　흥미로운 연구 결과들이 있습니다. 예를 들면 저소득층 가정에서 태어난 아이들을 두 그룹으로 나눈 다음, 친구의 70% 이상이 부유한 집안의 아이들인 그룹 A와 친구들 역시 대부분 저소득층 출신인 그룹 B를 수십 년간 추적 관찰했더니, 부자 친구가 많았던 그룹 A가 성인이 됐을 때 평균 소득이 B그룹보다 20%가량 더 높았습니다.

　또 다른 연구도 있죠. 미국의 유명한 대학에 다니는 학생들 중 성적이 비슷한 학생들의 부모 소득을 조사해서 소득이 낮은 집 출신 학생들(A)과 소득이 높은 집 출신 학생들(B)로 구분한 뒤 수십 년 후에 두 그룹의 평균 소득을 조사해 봤더니, B그룹의 소득이 훨씬 더 높았습니다. 어린 시절의 경제적 여건에 따라 왜 소득에서 차이가 생기는지 궁금했던 라즈 체티 교수는 A그룹과 B그룹 학생들의 직업을 하나하나 살펴보다가 아주 재미있는 현상을 발견했습니다.

　이 학생들 중 고소득층 출신 학생들(B)은 졸업 후에 컨설팅이나 금융업 등 소위 돈을 잘 버는 업종으로 취업한 반면, 저소득층 출신 학생들(A)은 공무원이나 저널리스트 같은 공적인 영역의 직업을 선택한 경우가 많았던 겁니다. 그러다 보니 소득도 B그룹이 더 높았던 것이죠.

　A그룹 학생들이 유독 공적인 영역으로 더 많이 진출한 이유에 대해서

는 아직 명확하게 밝혀진 바가 없습니다. 저 개인적으로는 A그룹의 학생들이 자라면서 부모와 비슷한 가치관을 갖게 되어, 돈을 좇는 직업보다 공적인 일이 더 가치 있다고 판단했던 게 아닐까 생각합니다. 반면 B그룹의 학생들은 어릴 때부터 돈을 버는 일이 얼마나 의미 있고 재미있는 일인지, 그런 걸 방해하는 규제가 얼마나 부당한 것인지에 대한 이야기를 부모들로부터 간접적으로 자주 전해 들었을 가능성이 크고, 그게 직업을 선택할 때 영향을 줬을 것이라고 추측합니다.

세상을 흑백 논리로 나누지 않게 해 주세요

어느 한쪽으로 치우치지 않고 현실을 그대로 투명하게 이해하는 '경제관념'은 그런 이유로 인생에서 매우 중요합니다. 하루 종일 열심히 일하는 근로자 A보다 두어 시간 일하다 퇴근하는 고용주 B의 월급이 더 많은 건 고용주 B가 사악하거나 비도덕적이어서가 아니라, 근로자 A의 일을 할 다른 후보자들이 많기 때문이라는 걸 아이들도 이해할 수 있게 해 줘야 합니다.

그러지 않으면 월급이 부족하다는 생각이 들 때 잘못된 선택을 하게 됩니다. 부가 가치가 낮은 일 대신 다른 일을 하기 위해 자기 계발을 좀 더 해야겠다고 생각할지, 아니면 욕심 많은 고용주와 싸워서 임금을 올려

야겠다고 생각할지는 그가 갖고 있는 '경제관념'이 결정합니다.

  그런 점에서 우리나라의 경제 교육은 매우 수준이 낮거나 엉뚱한 내용으로 가득합니다. 미국에서는 고용주가 근로자에게 어떤 이유로 임금을 지급하는지, 경기와 실업의 관계는 어떠한지를 가르치는데, 우리나라는 용돈을 스스로 벌게 하면서 절약이 왜 중요한지를 강조합니다. 미국은 부채(빚)는 좋은 부채와 나쁜 부채가 있으며 리스크 관리를 잘하면 부채가 자산 증식의 좋은 수단이 될 수 있다고 가르치는 데 반해, 우리나라의 경제 교육은 부채가 피해야 할 나쁜 것이라는 점만 강하게 주입합니다.

  세상의 모든 사람들은 예외 없이 이기적이고 자신의 이익을 위해 움직인다는 것을 이해하지 않은 채 세상을 선과 악으로 구분하고 나에게 호의적인 사람과 적대적인 사람, 내 편인 사람과 남의 편인 사람으로 나눠서 보는 건 굉장히 위험한 일입니다. 합리적인 판단을 하는 사람은 나에게 지금 판매하려는 금융 상품의 좋은 점만 나열하는 사람을 의심의 눈으로 봅니다. '왜 저 사람은 자신의 이익보다 내 이익을 더 챙기려고 할까. 나에게만 유리한 거래라는 게 있을 리 없는데.'라고 생각하는 게 올바른 경제관념입니다. 그래야 오히려 속지 않습니다.

  그런데 세상을 선과 악, 또는 아군과 적군으로 나누면 '저 사람은 선한 사람이고 우리 편이라서 나에게 좋은 상품을 권하는구나.'라고 생각하고 의심을 거두게 됩니다. 금융 사기 피해는 그런 곳에서 싹틉니다.

일상의 이야기를 통해 경제관념을 배울 수 있기를

우리가 아이들의 경제 교육을 중요하게 생각하는 이유는 어릴 때부터 경제관념을 심어 주기 위해서이며, 그리고 경제관념이라는 것은 일상에서 벌어지는 모든 일의 합리적인 이유와 배경을 잘 이해하는 지적인 힘을 의미한다고 말씀드렸습니다.

그런 면에서 아이들이 흥미를 가질 수 있도록 잘 짜여진 재미있는 일상과 그 안에서 벌어지는 다양한 사건들을 담고 있는 『몬말리는 경제 모험』이 아이들의 경제 교육에 도움이 될 것입니다. 주인공들이 인간 세상의 경제 상황을 맞닥뜨리면서 선택해야만 하는 것들의 합리적인 이유와 배경을 이해할 수 있게 해 주세요. 그런 과정을 통해 세상에서 벌어지는 일들을 이해하는 지적인 힘을 조금이라도 기를 수 있게 된다면, 수요 공급의 법칙이나 희소성의 원칙을 설명하는 것보다 훨씬 유익한 경제 교육이 될 수 있을 것이라고 생각합니다.

이진우 ("MBC 손에 잡히는 경제"·"삼프로TV" 진행자)

등장인물

그란발
- **종족** 큰발족
- **좋아하는 것** 놀고 먹고 자기
- **싫어하는 것** 거짓말, 답답하고 불편한 것

먹성이 유달리 좋고, 먹을 것에 약한 타입.
입버릇처럼 "맛있겠다.", "배고파."를 반복하다
다른 몬들의 구박을 받곤 한다. 골드를 다 갚고
마음 편히 좋아하는 핫도그를 실컷 먹으려는데,
이게 웬걸? 지우리가 사라졌다.
지우리, 도대체 어디로 간 거야~!

지우리
- **종족** 나무족
- **좋아하는 것** 식물 보살피기
- **싫어하는 것** 풀을 함부로 대하는 것

약초에 대해서는 항상 진심이다. 문제는 연구 열정이
지나치게 넘쳐서 몸을 너무 사리지 않는다는 것!
신기한 풀은 무조건 배낭에 넣고,
새로운 풀은 거침없이 냄새를 맡고 씹어 본다.
이 때문에 여러 번 위기에 처하고 만다.

깜토
- **종족** 그림자족
- **좋아하는 것** 멋진 포즈 취하기
- **싫어하는 것** 겁쟁이라는 의심

골드시티에 와서 생각지 못한 특기를 계속 발견하는 중이다. 팜섬에서 골드를 모을 때 계산에 특별한 능력을 보였다면, 이번엔 관찰력이다! 빠른 속도로 지나가는 영상 속 단서를 발견해 지우리를 찾아내는 데 일등 공신이 된다.

비비
- **종족** 날개족
- **좋아하는 것** 깔끔하게 정돈된 환경
- **싫어하는 것** 도망치기, 포기하기

어떤 상황에서도 앞장서는 든든한 리더. 상공을 멋지게 날 수 있는 날개가 특징이지만, 이번 모험에서는 팔꿈치와 무릎이 닿도록 천장 위를 발발 기어다녀야 했다는데……. 그래도 착지만큼은 우아하고 완벽하게 해냈다!

돈별 대표

골드시티에서 제일 잘나가는 기업인 돈스타의 대표. 회사가 보유한 여러 기술을 매우 자랑스럽게 여긴다. 돈스타의 명예를 지키려고 치명적인 비밀을 숨겼다가, 더 큰 위기를 맞닥뜨린다.

김비서

돈별 대표의 든든한 오른팔. 돈스타에서 일어나는 크고 작은 사건을 모두 관리하고 있다. 상황 판단이 빠른 편이라, 몬 원정대의 등장이 곧 돈스타의 위기라는 사실을 금방 알아차린다.

- 지난 이야기 -

'10일 안에 1,000골드 벌기'라는 엄청난 미션을 수행하기 위해 팜섬에서 농사를 짓게 된 몬 원정대! 반디레드와 돈스타 점장의 방해에도 불구하고, 지우리의 약 개발 능력과 인간 친구들의 조언 덕분에 무사히 미션을 완수한다. 골드시티에서 삭제될 위기는 겨우 벗어났지만, 더 큰 위기가 몬들을 기다리고 있었는데……. 지우리가 갑자기 사라져 버리다니! 지우리에게 대체 무슨 일이 생긴 걸까?

돈스타
비상 대책 회의

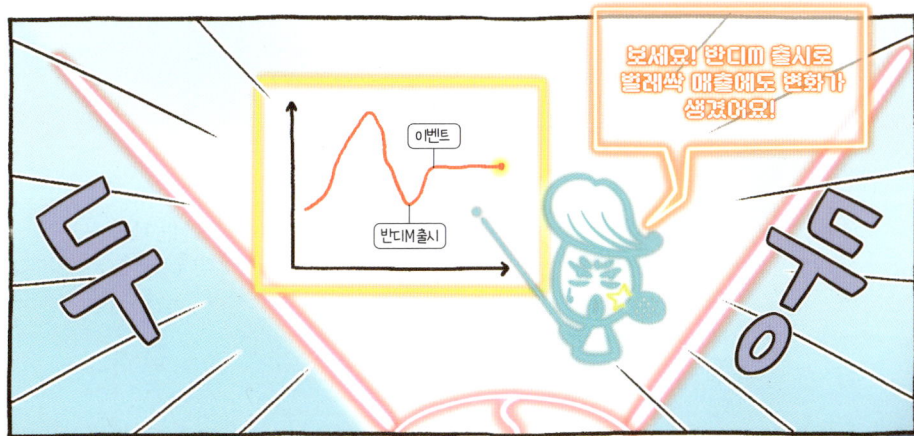

1장

한낮의 납치 사건

"어, 저 풀은 처음 보는 건데?"

몬들이 핫도그를 사 먹기 위해 모두 우르르 달려간 사이, 지우리의 눈은 처음 만난 풀에 딱 꽂혀 버렸다. 잎이 뾰족하고 시큼한 냄새가 나는 풀이었다.

"골드시티에 있는 풀을 하나씩 다 조사해 봐야겠어. 이 풀은 몬섬에 있는 바늘풀이랑 비슷한데?"

지우리는 쭈그려 앉아 채취를 시작했다. 흙을 푹 떠서 풀을 파낸 뒤, 뿌리를 살살 털어 조심조심 약초 주머니에 담았다. 막 일어서려는 순간, 또 다른 풀이 지우리의 눈길을 사로잡았다.

"응? 이건 왜 뽑혀 있지? 이것도 엄청 독특하게 생겼어."

뿌리째 뽑혀 얌전히 누워 있는 모습이 마치 누군가 가져가 주기를 기다리는 듯했다. 지우리는 달려가 풀을 냉큼 주웠다.

　풀을 주우면 앞쪽에 새로운 풀 하나가 또 보였다. 주우면 또 하나, 주우면 다시 또 하나가 나타났다.

　"여기도 새로운 풀이야. 오호, 저기도!"

　지우리의 눈앞에 놓인 풀들은 '약촛길'이라고 불러도 될 만큼 한 방향으로 쭉 이어져 있었다. 귀한 풀들이 길가에 한 줄로 누워 있는 것이 누가 봐도 어색한 상황이었지만, 지우리는 아무런 의심 없이 약초를 따라갔다.

　이때 약촛길 끝에 있는 나무 뒤에서 수상한 눈 두 개, 아니 열 개가 지우리를 몰래 지켜보고 있었다.

바닥에 떨어진 풀들은 한적한 동쪽 숲으로 이어졌다. 지우리는 홀린 듯이 숲 안쪽으로 계속 들어갔다.

동쪽 숲은 꽤 울창했다. 가지마다 빽빽이 돋아 있는 나뭇잎에 가려서 해도 잘 들지 않았다. 지나다니는 아바타도 없었다. 무슨 일이 일어나도 아무도 모를 만큼 으슥한 숲이었다. 간혹 인기척이 느껴지긴 했지만, 재빨리 고개를 들어도 보이는 거라곤 나무와 풀, 들리는 소리는 나무 사이를 스치는 바람뿐이었다.

"예쁘다……."

지우리는 작게 감탄사를 뱉고 다시 풀을 주우려다가 그제야 퍼뜩 정신을 차렸다.

'이건 여기서 자랄 만한 풀이 아닌데……. 설마 누가 일부러 놓아둔 건가?'

돌이켜 생각하자 모든 상황이 부자연스러웠다.

지우리는 들고 있던 풀을 배낭에 챙긴 뒤 주변을 날카롭게 살폈다. 커다란 나무 뒤편으로 검은색 옷자락이 슬쩍 보였다.

"거기 검은 옷, 꽁지 보인다."

"이제야 알아채셨군요."

나무 뒤에서 여자 목소리가 들렸다. 곧 검은 양복을 입은 이들이 우르르 쏟아져 나와 지우리를 에워쌌다.

'뭐야, 한둘이 아니잖아?'

지우리는 당황했지만 애써 태연한 척 말했다.

"너희가 날 유인한 거야?"

동글머리 여자가 머리에 붙은 나뭇잎을 털어 내며 대답했다.

"네, 맞아요. 지우리 씨를 비밀스럽게 만나고 싶었거든요."

지우리의 의심이 맞았다. 너무 늦게 의심하긴 했지만…….

"내 이름은 어떻게 알았지?"

동글머리 여자가 별일 아니라는 듯 말했다.

"이름 정도 알아내는 건 우리 돈스타 스카우트 팀에게 너무 쉬운 일인걸요. 겨우 이런 걸 놀랍다고 하시니, 어디서부터 설명해야 할지……."

지우리는 여자가 대답 대신 말을 돌리자 조금 짜증이 났다.

"그냥 다 말해. 나에 대해 뭘 알고 있지? 왜 접근한 거야?"

지우리가 날 선 목소리로 다그쳤지만, 여자는 전혀 개의치 않고 태연하게 대답했다.

"그야 당신이 반디M 개발자니까요. 스스로를 몬족이라 소개하고 다닌다죠? 몬섬에서 온 약초사라는 것도 알고 있어요."

 사실 지우리가 반디M 개발자라는 건 G-TV를 봤다면 누구나 알 수 있는 정보였다. 하지만 몬족과 몬섬에 대해 들어 본 이는 하루와 제나뿐이었다. 지우리는 여자가 생각보다 더 많은 정보를 알고 있을 거라는 의심이 들었다. 어쩌면 몬들이 이곳에 온 목적까지 알지도 몰랐다.
 "좋아, 나에 대해서 꽤 많은 조사를 한 것 같군. 그러면 너희가 흘려 놓은 약초를 주워서 내가 뭘 하려는지도 알겠네?"
 지우리는 일부러 슬쩍 떠봤다. 만약 쿨쿨병의 약을 찾으러 왔다는 것까지 알고 방해하는 거라면, 당장 새로운 계획을 세워야 했다. 이건 원정대 전체의 안전이 걸린 문제였다.

"물론이죠. 당신은 처음 보는 약초는 실험하지 않고는 못 배기는 성격이잖아요? 희귀한 약초들만큼 당신을 유혹하기 좋은 건 없죠."

그러고는 지우리에게 가까이 다가와 나지막이 속삭였다.

말을 마친 동글머리 여자는 충분히 설득이 되었다고 생각했는지, 지우리에게 손을 내밀었다.

"이제 가시죠. 대표님께서 기다리십니다."

동글머리 여자가 손짓하자 기다렸다는 듯 검은 양복을 입은 이들이 지우리를 둥글게 둘러쌌다.

 녀석들이 한 걸음 더 가까이 다가왔다. 지우리를 둘러싼 원이 더 작아졌다. 말로는 모셔 간다고 했지만 매우 위협적인 분위기를 풍겼다.
 이들이 비겁한 수를 써서 자신을 여기까지 꾀어낸 것이 떠올라, 지우리는 고개를 세차게 돌리며 거절했다.
 "대표인지 뭔지, 날 보고 싶다면 직접 오라고 해. 난 그만 친구들에게 돌아가야겠으니까."
 지우리가 잽싸게 덩굴을 뽑아 검은 양복을 입은 이들이 다가오지 못하게 휘둘렀다. 녀석들은 예상 못 한 상황에 깜짝 놀라 한 걸음 물러섰고, 덕분에 지우리를 둘러싼 원이 조금 커졌다.

지우리가 덩굴을 바닥에 한 번 더 내려치자, 흙먼지가 피어올라 사방을 뿌옇게 가렸다.

"지우리가 도망갔다! 어서 잡아요!"

여자가 명령하자마자 검은 양복을 입은 무리가 지우리를 쫓기 시작했다. 지우리도 뜀박질이라면 자신 있었지만, 녀석들은 표범처럼 날쌨다. 게다가 사방에서 달려드는 통에 지우리는 위기감을 느낄 수밖에 없었다.

급기야 녀석 중 하나가 지우리의 배낭을 낚아채자, 지우리는 다시 덩굴을 힘차게 뻗어 녀석들을 옭아맸다.

나무 사이를 내달리는 지우리의 머릿속에 걱정이 하나둘 늘어 갔다.

'놈들이 잡으려는 게 나뿐일까? 아니면 몬들 모두일까?'

그란발, 깜토, 비비 대장의 얼굴이 차례로 떠올랐다. 걱정스러운 얼굴로 몬 원정대를 보내던 더큰발 장로와 기대 어린 눈으로 바라보던 다른 몬들의 얼굴도 어른거렸다.

'어서 빠져나가야 해. 몬 원정대와 만나는 게 먼저야.'

지우리 앞에 무성한 풀숲이 나타났다. 지우리는 그 속으로 얼른 몸을 숨겼다. 바닥에 납작 엎드린 채 턱턱 차오르는 숨을 작게 죽였다. 멀리서 들리던 동글머리 여자의 외침이 점점 가까워지고 있었다.

　풀 사이에 숨은 지우리는 녀석들의 목소리로 상황을 짐작만 할 뿐이었다. 여자의 목소리가 매우 빠른 속도로 가까워졌다 멀어지기를 반복했다.
　'윽, 저 여자는 왜 저렇게 빠르지? 가는 거야, 오는 거야?'
　"1호, 지우리 씨는 어느 쪽으로 갔죠?"
　"그게……, 갑자기 사라지는 바람에……."
　여자의 목소리가 찢어지듯 울려 퍼졌다.
　"빨리 찾아요, 어서! 무슨 일이 있어도 꼭 찾아야 해요!"
　지우리를 쫓던 녀석들이 우왕좌왕하며 깊은 숲으로 달려갔다. 덕분에 지우리는 덤불에서 조용히 빠져나올 수 있었다.

지우리는 숨을 죽이고 왔던 길로 살금살금 돌아갔다. 어느새 검은 양복 무리를 처음 만났던 곳을 지나, 숲 입구까지 무사히 나왔다.

"광장이 어느 쪽이더라……."

사방을 두리번거리는 사이, 마침 G패스가 울렸다.

모두 무사했다. 지우리는 환하게 웃는 몬들의 얼굴을 보며 별다른 일이 없었다는 걸 확인하곤 그제야 안도했다.

지우리는 골드시티 광장 쪽을 가늠하며 밝게 말했다.

"광장 핫도그 가게지? 길 찾아서 금방 갈게."

지우리, 너는 어디야?

"동쪽 숲 입구인데, 여기서……, 으악!"
지우리의 머리 위로 그물이 쏟아졌다.

비비 대장, 지우리한테 다시 연락해 봤는데 안 받아!

내 G패스도 그래. 지우리한테 무슨 일이 생긴 거 아냐?

혹시 로그아웃이나 캐릭터 삭제… 그런 건 아니겠지?

아냐, 우리 분명히 벌금 다 냈잖아.

하지만… 아까 지우리의 마지막 외침이 정말 다급했다고. 어떡해….

그렇다면… 납치? 누군가 우리의 계획을 눈치채고 방해를?

대체 누가…. 우리가 딱히 나쁜 짓을 한 것도 아닌데….

얘들아, 일단 지우리가 말한 동쪽 숲으로 가 보자. 내가 먼저 날아가서 주변을 살펴보고 있을게.

 알았어! 그란발, 우리도 어서 출발하자.

헉! 헉! 조금만 천천히 가자. 너무 빠르잖아….

 너 설마…, 뛰는 게 힘들어서 그러는 거 아니지?

그럴 리가. 우리의 소중한 친구를 찾는 일인데…. 흔적을 하나라도 놓치지 말자는 거지. 하하….

 좋아. 어쨌든 가자! 지우리, 제발 무사하기만 해 줘~!

2장

지우리,
우리가 구하러 갈게!

지우리와의 통화가 급박한 비명 소리와 함께 끝나자, 몬들은 불길한 예감에 휩싸였다. 다시 통신 버튼을 눌러 봤지만 연결조차 되지 않았다.

깜토의 눈동자가 마구 흔들렸다.

"대체 무슨 일이 생긴 걸까? 지우리가 다쳤으면 어떡해."

비비 대장이 깜토의 어깨를 짚었다.

"섣불리 결론 내지 말자. 일단 지우리에 대한 단서를 찾아 볼까? 어딘가에 지우리를 본 아바타가 있을 거야."

비비 대장이 서둘러 날아오르며 말을 이었다.

"아까 동쪽 숲 입구라고 했지? 난 먼저 가서 찾고 있을게. 너희는 주변을 살피면서 숲으로 와."

그란발과 깜토를 안심시키려고 침착하게 말했지만, 비비 대장도 불안하긴 마찬가지였다.

'대체 누가 지우리를 노린 거지? 몬족을 위협하는 인간이 있다니……, 이건 정말 큰일이야.'

비비 대장은 재빨리 동쪽 숲으로 가서 나무와 나무 사이를 낮게 날아다니며 애타게 지우리를 찾았다.

"지우리, 지우리!"

아무리 불러 봐도 대답이 없었다. 그저 나뭇잎이 바스락대는 소리만 들려올 뿐이었다.

그란발과 깜토는 지우리를 본 이가 없는지 수소문해 가며 동쪽 숲으로 향했다.

몇 명이나 붙잡고 물어봤지만, 지우리를 봤다는 아바타는 어디에도 없었다.

하지만 그 말을 다 믿을 수도 없었다. 인간은 원래 자신이 관심 있는 일이 아니면 유심히 보지 않는 경우가 많으니까.

주변을 샅샅이 살피며 걷다 보니, 발자국 여러 개가 동쪽 숲을 향해 띄엄띄엄 나 있는 게 보였다.

그란발이 단서들을 통해 사건을 재구성해 보는 동안, 깜토는 발자국의 방향으로 지우리가 있는 곳을 확신했다.

"서둘러! 지우리한테 무슨 일이 생기기 전에 빨리 찾아야 해."

그란발과 깜토가 달려 나가려는데, 갑자기 아바타들이 웅성거리는 소리가 들렸다.

"아까 원반 보드 봤어?"

"꺅~, 당연하지! 나 실제로 본 건 처음이야."

혹시나 새로운 단서가 있을까 싶어, 그란발은 발걸음을 멈추고 대화 중인 아바타들에게 다가갔다.

그란발은 아바타들의 수다에서 몇 가지 중요하지 않은 사실을 알아냈다. 첫째, 하늘을 나는 원반 보드는 골드시티에 딱 두 대밖에 없다. 둘째, 하나는 골드시티 시장의 원반 보드, 다른 하나는 돈스타 대표인 돈별의 원반 보드다. 셋째, 조금 전 돈스타의 원반 보드가 뜬금없이 이곳에 착륙했다가 떠났다.

한 아바타가 자신의 G패스에 영상을 띄웠다.

깜토의 시선은 보드 밑에 매달린 그물에 꽂혀 있었다.

그란발이 서둘러 다가와 물었다.

"어디? 난 안 보이는데?"

깜토가 보드의 아래쪽을 가리키며 말했다.

"보드 아래 그물을 봐!"

크게 확대해 보니 그물이 꿈틀꿈틀 움직이는 데다, 한쪽에 지우리의 덩굴이 툭 튀어나와 있었다.

"으악! 정말이네. 지우리가 덩굴을 휘둘렀다는 건……."

"위험한 상황이었다는 뜻!"

그란발과 깜토의 눈이 어느 때보다 격렬하게 흔들렸다.

"얼른 비비 대장에게 이 사실을 알려야 해!"

마침 비비 대장이 그란발과 깜토를 향해 다급히 날아왔다. 비비의 손에는 지우리의 덩굴이 들려 있었다.

그란발과 깜토도 알아낸 정보를 공유했다.

"원반 보드를 탄 아바타가 지우리를 데려간 것 같아!"

"돈스타 대표의 원반 보드래."

비비 대장이 아바타에게 다가가 다시 한번 영상을 보여 달라고 청했다.

"역시 남는 건 영상이라니까! 자, 여기!"

자신의 영상이 관심을 받자, 아바타는 우쭐하며 영상을 재생했다.

 영상엔 지우리를 납치한 원반 보드가 돈스타 건물 옥상에 내려앉는 것까지 포착되어 있었다.

 그란발이 콧김을 뿜으며 씩씩댔다.

 "돈스타 대표는 대체 왜 지우리를 데려간 거야?! 용서 못 해, 당장 가서 따져야겠어!"

 옆에 있던 아바타가 그 말을 듣고 콧방귀를 뀌었다.

 "거길 무슨 수로 들어가려고? 절대 문 안 열어 줄걸?"

 "우린 이미 시민 등록을 했어. 시민은 골드시티에 있는 모든 곳에 들어갈 수 있는 거 아냐?"

비비 대장이 당당하게 말했지만, 아바타가 어림없다는 듯 고개를 절레절레 저었다.

"그건 아니지~. 돈스타는 은행이나 시청 같은 공공 기관이 아니잖아. 거긴 직원이나 허락받은 사람만 들어갈 수 있다고."

힘들게 시민 등록까지 마쳤으니 이젠 못 할 일이 없을 줄 알았는데, 또 난관에 부딪혔다.

"어쩌지? 지우리를 이대로 둘 순 없어."

결국 셋은 몰래 돈스타에 숨어들기로 했다.

"좋아, 그럼 난 건물 옥상으로 가서 시도할게. 너희는 어떻게든 들어올 방법을 찾아 봐."

비비 대장이 날개를 펴고 급히 날아갔다. 곧 비비 대장은 작은 점이 되어 멀어졌다. 그란발과 깜토도 서둘러 뛰었다.

"돈스타라면 벌레싹 만드는 회사 아냐?"

"그러게. 거기서 왜 지우리를 잡아갔을까?"

알다가도 모를 일이었다. 깜토가 고민 끝에 몬숭아를 생각해 냈다.

"장로님이 인간들은 몬숭아를 탐낸다고 하셨잖아. 혹시 지우리 배낭에 몬숭아가 있다는 걸 알아챈 거 아닐까?"

"그게 사실이라면 정말 너무너무 나쁘다."

두 몬의 발걸음이 빨라졌다.

잠시 뒤, 눈앞에 황금빛으로 번쩍이는 돈스타 건물이 나타났다. 건물 정면에는 커다란 전광판이 빛을 내고 있었다.

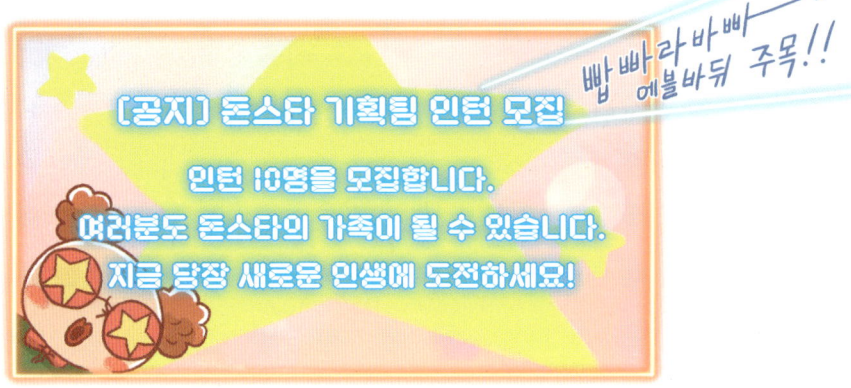

돈스타의 인턴 채용 기준은 단 한 가지였다.

남과 다른 자신만의 매력을 보여 줄 것!

도무지 어떤 기준으로 뽑는다는 건지 알 수 없는 내용이었다. 하지만 돈스타에 들어갈 수 있다는 것 하나만으로 수많은 아바타들이 금세 모여들었다.

인턴을 잘 해내면 정식 직원이 될 기회가 주어지는 데다, 돈스타 직원 복지에 대한 소문도 자자했기 때문이다. 골드시티 내 어느 일자리보다 더 많은 골드를 벌 수 있어서 누구나 꿈꾸는 일자리였다.

 얼마 지나지 않아, 돈스타 건물 앞은 인턴에 도전하는 참가자뿐만 아니라 구경하러 온 아바타들로 가득 찼다. 곧 무대 위에서 면접이 시작되었다.

그란발과 깜토는 바글바글 모여 있는 아바타들을 지나 건물로 돌진했다. 돈스타의 입구는 넓고 문도 활짝 열려 있었다. 하지만 문을 향해 달려드는 순간……, 콰당! 둘은 동시에 뒤로 나동그라지고 말았다. 보이지 않는 무언가에 몸이 튕겨 나간 것이었다.

"으악! 앞에 뭐가 있었어?"

그란발과 깜토가 벌인 소란에 인턴 후보들을 심사하던 돈스타 직원이 두 몬을 향해 고개를 돌렸다.

"돈스타 건물에는 아무나 들어가지 못해요. 들어가고 싶으면 여기서 매력을 보여 주세요. 두 분이 한 팀인가요?"

직원은 그란발과 깜토에게 출입증을 걸어 주었다.

"축하합니다. 인턴 업무는 안쪽에서 안내해 줄 거예요."

그란발과 깜토는 얼떨결에 돈스타 건물에 무사히 진입할 수 있었다. 그것도 무려 인턴 사원이 되어서 말이다.

"그런데 인턴이 뭐야?"

"나도 모르지. 일단 들어가는 건 성공이다!"

한편 비비 대장은 돈스타 건물 옥상까지 단숨에 날아갔다.

"건물 안으로 들어갈 수 있는 문이 있을 텐데……."

비비 대장은 한참을 두리번거린 끝에 손잡이 달린 문 하나를 발견했다.

"저기다!"

하지만 문은 열리지 않았다. 앞으로 당겨도, 뒤로 밀어도 꼼짝을 안 했다. G패스를 대 봐도 마찬가지였다.

출입증을 대 주세요.

이곳을 여는 도구는 G패스가 아니었다. 돈스타 직원들에게 주어지는 출입증 없이는 건물 안으로 들어갈 수 없도록 설계되어 있었다.

"하……, 여긴 왜 문을 죄다 막아 둔 거야."

비비 대장은 내부로 들어갈 만한 곳을 찾아 주변을 좀 더 살폈다.

공기가 드나드는 환기구가 보였다. 다행히 구멍을 가로막은 철제 틀은 비비가 힘을 주고 몇 번 흔들어 대자 덜컹거리며 빠졌다.

"생각보다 허술하군. 기다려, 지우리. 내가 간다!"

비비 대장은 환기구 안으로 몸을 밀어 넣었다.

돈스타 입성, 생각보다 쉬운데?

다행이야. 떨어진 아바타들도 많던데, 우리가 운이 좋았어.

좋아, 이 기세로 지우리가 있는 곳을 얼른 찾아 보자!

잠깐! 지금 사라지면 바로 의심받을 거야. 우선 인턴 안내부터 듣고 움직이자.

알았어. 그런데 선발 기준이 뭘까? 아까 우리한테 참신하다고 했던가?

상황극에 스토리가 있다고 했지.

 상황극? 그게 뭐지? 어쨌든 우리 진심이 통해서 다행이야.

응. 이럴 줄 알았으면 비비 대장도 같이 올 걸 그랬네.

 대장도 무사히 들어왔겠지? 킁킁! 그런데 어디서 맛있는 냄새가 나지 않아?

그란발, 정신 차려! 우리 먹으러 온 거 아니잖아~.

게임1 난센스 퀴즈

돈스타로 가는 지도

돈스타가 인턴 선발 공고를 위한 안내문을 올리면서
지도에 암호 퀴즈를 냈대. 아래의 단서를 잘 보고 선을 그어 봐.

*방향은 바꿀 수 있지만, 대각선으로는 그을 수 없어.

Q1 가장 가벼운 사냥 도구는?
Q2 고양이를 싫어하는 동물은?
Q3 다리미가 좋아하는 음식은?
Q4 누를수록 또렷해지는 것은?
Q5 문이 수십 개 달린 집은?

선을 그어서 나타나는 숫자는 과연 몇일까?

게임2 컬러링 퍼즐

누구의 모습일까?

돈스타 인턴 출입증을 만들기 위해서는 각자의 사진이 필요하대.
보기의 숫자와 맞는 색상을 색칠해 보자! 누가 보이니?

① ② ③ ④ ⑤

3장
어리바리 인턴과 어설픈 스파이

그란발과 깜토를 비롯한 인턴 사원 열 명이 모두 돈스타 1층 로비에 모였다. 멀리서 한 아바타가 총총 뛰어오더니 옷매무새를 만지며 자신을 소개했다.

"돈스타의 인턴 사원이 되신 여러분, 환영합니다. 저는 여러분에게 인턴 업무를 배정하고 교육할 기획팀장 제인입니다. 여러분은 앞으로 한 달간 돈스타 기획팀에서 다양한 일을 경험하게 될 거예요. 물론 능력이 뛰어난 분에게는 정식 입사 기회도 열려 있습니다. 자, 그럼 올라갈까요?"

인턴들은 모두 눈을 반짝이며 기획팀장의 뒤를 따랐다. 능력이 검증된 자는 정식 직원이 될 수 있다는 말에 인턴들의 의욕이 매우 높아졌다. 단 두 명만 빼고.

기획팀장의 설명은 엘리베이터를 타고 이동하는 동안에도 내내 이어졌다. 그 틈을 타 그란발이 비비 대장에게 지금까지의 상황을 담은 메시지를 보냈다.

다행히 얼마 지나지 않아 비비 대장에게 답장이 왔다.

좋아, 나도 건물 안으로 진입 성공. 지우리를 찾아 볼게. 건물 안 상황을 계속 공유해 줘.

한편 깜토는 그림자족의 특성을 발휘해, 다른 아바타의 그림자 속으로 몸을 숨길 기회를 엿봤다.

제인의 관심이 그란발을 향해 있는 틈에, 깜토는 조심스레 연구실 팀장 도파민의 그림자에 숨어 엘리베이터를 탔다. 2층에 내리자 '돈스타 연구실'이라는 간판이 보였다. 도파민이 연구실 안쪽으로 저벅저벅 걸어가는 사이, 깜토는 화분 그림자에 숨어 주변을 살폈다.

사방이 고요했다.

'와, 여긴 지우리가 정말 좋아할 만한 곳이네.'

그때 깜토의 눈에 아까 지우리가 잡혀 있던 그물이 들어왔다. 깜토는 그물을 보자 지우리가 이 근처에 있을 거란 확신이 들었다.

하지만 온실을 한 바퀴 다 둘러볼 때까지, 지우리는커녕 또 다른 누군가도 찾지 못했다.

'다른 곳으로 가 봐야겠어.'

깜토는 온실을 지나 연구실 안쪽으로 들어갔다. 복도 양옆에 여러 개의 문이 나 있었다. 첫 번째 방을 문틈으로 보니, 역시나 아무도 없었다. 책상 위에 두툼한 서류들이 한가득 쌓여 있을 뿐이었다.

'아무도 없네. 연구원들은 다 어디 간 거야?'

그런데 깜토가 다음 방으로 가려고 몸을 돌리는 순간, 도파민 팀장과 눈이 딱 마주치고 말았다.

"연구원이 아니라고요?"

도파민 팀장의 표정이 순식간에 험악해졌다.

깜토는 안절부절못하며 시선을 이리저리 굴렸다. 이왕 들킨 김에 뭐라도 찾아내자 싶은 마음이었다. 그런데 책상 위에 익숙한 물건이 놓여 있었다. 반디M이었다. 벽에는 반디M의 재료 분석표도 붙어 있었다. 재료가 좀 틀리기는 했지만.

"어? 반디M……."

깜토가 반디M을 알아보자, 팀장의 얼굴이 금세 풀어졌다.

"역시 인턴이 맞군요. 기다렸어요."

그러고는 깜토에게 흰색 가운을 입혀 주며 인사를 건넸다.

"전 연구실 팀장 도파민이라고 합니다. 당신에 대한 얘기는 익히 들었어요. 이 반디M을 만들었다고요?"

도파민 팀장은 깜토를 지우리로 착각하는 게 분명했다. 깜토는 우선 시간을 끌며 지우리를 기다리기로 했다.

"아, 네……. 정확히 말하자면 제가 다 만든 건 아니지만……."

깜토는 너무 솔직하게 말했나 싶어 뜨끔했다. 하지만 도파민 팀장에게는 겸손의 표현으로 들릴 뿐이었다.

"하하, 좋습니다. 모든 연구는 함께하는 거니까요. 인턴 연구원은 바로 옆방을 쓰면 됩니다. 제가 안내할게요."

깜토는 도파민 팀장을 따라 옆방으로 향했다.

같은 시각, 비비 대장은 팔꿈치와 무릎을 바닥에 댄 채 어두운 환기구를 엉금엉금 기어가고 있었다. 환기구 안은 서늘했고 가끔 찬 바람도 불어왔다. 한참을 가다 보니, 주변이 살짝 밝아지는 게 느껴졌다. 방 천장과 연결된 곳에서 새어 나온 빛이었다. 비비 대장은 틈에 눈을 바짝 대고 방 안을 살폈다.

넓고 고급스러워 보이는 침실이었다. 통유리 창이 있어 바깥이 시원하게 보였고, 맞은편 벽에는 화려한 그림이 걸려 있었다. 가장 눈길을 끄는 건 커다란 침대였다. 화려한 금색 침대 위에 보라색 이불이 덮여 있고, 그 위에 두툼한 서류철 여러 개가 흩어져 있었다.

서류 제목을 훑어본 비비 대장이 혀를 끌끌 찼다.

'온통 보고서잖아? 자기 전에 저런 걸 보면 머리가 무거워서 잠이 오나.'

돈스타 건물의 최고층인 이곳은 사실 돈별 대표의 집이자 사무실이었다. 비비 대장은 다시 환기구를 따라 이동했다.

앞으로 쭉 가자, 다른 방이 나왔다. 침대 방보다 훨씬 큰 방이었다. 방 한편에 기품 있어 보이는 책상이 놓여 있고, 그 뒤로 거대한 책장에 책들이 빽빽하게 꽂혀 있었다. 책상 앞쪽에는 크림색 소파가 ㄷ자 형태로 놓여 있었다.

돈별 대표와 함께 소파에 앉아 있는 건 바로 지우리였다! 그런데 지우리는 납치된 상황이라고 하기엔 너무 멀쩡해 보였다. 영상에서 봤던 그물도 보이지 않고, 두 팔도 자유로웠다. 배낭도 빼앗기지 않았다.

지우리는 돈별 대표와 진지하게 이야기를 나누고 있었다.

비비 대장의 가슴에 물음표가 가득 찼다.

'지우리는 저기서 뭘 하고 있는 거지?'

둘이 나누는 이야기를 들으면 짐작할 수 있을 테지만, 거리가 멀어 둘의 목소리가 들리지 않았다. 비비 대장은 혹시나 하는 마음으로 지우리에게 메시지를 보냈다.

지우리, 무사한 거야?

무슨 이야기에 빠졌는지 지우리는 메시지가 온 걸 알아채지 못했다. 비비 대장은 깜토와 그란발에게도 메시지를 보냈다.

지우리를 찾았다. 꼭대기 층에 있어.

비비 대장은 지우리가 있는 방으로 내려갈 방법을 찾았지만 여의치 않았다. 방과 연결된 구멍을 막고 있는 창은 아무리 힘을 주어 당겨도 꿈쩍하지 않았고, 창살 사이에 있는 틈은 너무 좁아서 거기로는 도저히 나갈 수 없었다.

비비 대장이 한숨을 쉬며 다시 어두운 환기구 안을 기어갔다. 아래에 비서실이 보였다. 더 지나가자 이번엔 엘리베이터가 있는 복도가 나왔다. 점점 지우리가 있는 공간에서 멀어지고 있었다.

경호원은 두 사람이었다. 비비 대장의 움직임을 눈치챈 건 한 명뿐이었지만, 의심스러운 상황이 발생하자 두 사람 모두 소리가 나는 쪽으로 다가왔다.

"혹시 모르니까 확인해 보자고."

비비 대장은 흠칫 놀랐다. 양팔과 다리를 발발 움직여 옆으로 몸을 피했다. 이윽고 경호원들이 천장 구멍에 난 창을 들어 올렸다.

손전등 빛이 환기구 안을 가득 채웠다. 비비 대장은 빛이 닿지 않는 곳으로 몸을 피한 채 경호원들이 사라지기를 기다렸다. 등 뒤로 굵은 식은땀이 흘렀다.

경호원들의 손전등 불빛이 비비 대장 쪽으로 다가오려는 순간, 비서실에서 경호원들을 호출했다.

"3호, 4호. 대표님 방으로 들어오세요."

대표의 호출에 경호원들이 사라지자, 비비 대장은 안도의 한숨을 내쉬며 잽싸게 천장 구멍으로 뛰어내렸다. 날개를 이용해 우아하게 착지하는 데도 성공!

비비 대장이 착지한 순간 엘리베이터 문이 딱 열렸지만, 다행히 엘리베이터의 탑승자는 그란발과 깜토였다.

"그란발! 깜토!"

셋은 마치 오랫동안 떨어져 있던 가족이라도 만난 것처럼 얼싸안고 반가워했다.

"그런데 지우리는? 어디 있는 거야?"

깜토가 들뜬 마음을 추스르며 묻자, 비비 대장은 '대표실'이라 쓰인 문을 가리켰다.

"저 안에 돈별 대표라는 사람과 함께 있어."

비비 대장의 말에 그란발이 콧김을 씩씩 뿜어 댔다.

"좋아, 얼른 쳐들어가자! 지우리를 납치하다니……. 내가 본때를 보여 줄 거야!"

비비 대장과 그란발, 깜토는 거침없이 비서실을 지나 대표실 문을 벌컥 열었다. 하지만 그 안에는 상상도 못 한 풍경이 몬들을 기다리고 있었다.

이기자 리포트 1
기업의 탄생

몬들이 돈스타 대표실로 뛰어가는군요.
여기서 잠시 설명하는 시간을 가져 볼까요?
'기업'이란 무엇일까요? 그리고
사람들이 기업을 통해서 돈을 벌려고 하는
이유는 무엇일까요?

경제 활동이란 뭘까요?

사람들이 살아가는 데 꼭 필요한 것 중에 대표적으로 따뜻한 햇볕, 매일 마시는 공기가 있죠. 이런 것들은 매우 귀중한 건 맞지만 희소하지는 않아요. 그래서 돈을 주고 구입할 필요도 없습니다.

그러나 옷이나 쌀, 집 등은 희소합니다. 누군가 시간과 자원과 노동력을 들여 만들어 낸 것이죠. 우리가 익숙하게 사용하는 휴대폰이나 자전거도 그렇고요. 그래서 이것들은 공짜로 구할 수 없고 돈을 주고 사야 합니다. 공짜로 나눠 준다고 하면 다들 몰려들어서 금세 동이 날 거예요. 햇볕이나 공기를 공짜로 나눠 준다고 할 때와 반응이 다를 거라는 건 짐작이 가죠?

우리는 이렇게 필요한 물건을 구하기 위해 돈을 벌어야 합니다. 그리고 우리가 돈을 벌기 위해 하는 모든 일을 '경제 활동'이라고 부르죠.

기업은 경제 활동의 이익을 추구해요

경제 활동은 혼자 하는 것보다 여럿이 힘을 합쳐서 하는 게 더 유리해요. 예를 들어 물고기를 혼자 잡아야 한다면 가까운 바다에 사는 몇 종류의 작은 물고기만 잡을 수 있을 테지만, 여럿이 힘을 모으면 큰 배를 만들고 그 배로 먼바다로 나가서 훨씬 다양하고 큰 물고기를 잡을 수 있거든요.

물론 이 과정에서 적지 않은 돈이 필요하죠. 큰 배도 사야 하고, 큰 배에서 함께 일할 사람들에게 임금도 주어야 하니까요. 그래도 그 돈을 마련하여 먼바다에서 고기잡이를 한다면, 확실히 이익이 늘어날 거예요. 물고기를 더 많이 잡을 수 있을 뿐만 아니라, 귀한 물고기를 잡는다면 가까운 바다에서 누구나 잡을 수 있는 물고기보다 더 비싼 값을 받을 수 있을 테니까요. 이렇게 더 큰 이익을 내기 위해 사람들을 고용하여 함께 일하는 조직을 '기업'이라고 해요.

기업은 일반적으로 기여도에 따라 이익을 나눠요

하지만 만약 내가 가진 돈이 충분하지 않다면 어떻게 해야 할까요? 이때는 여러 사람이 함께 모여서 기업을 만드는 방법이 있어요.

큰 물고기를 잡기로 뜻을 모은 선원 열 명이 함께 모은 돈으로 배를 만들어 먼바다로 떠났다고 가정해 보죠. 이들 중에 어떤 사람은 배를 사는 데 40만 원을 냈고, 어떤 사람은 돈을 내지는 못했지만, 물고기를 잡을 때 누구보다 열심히 일했어요. 어떤 사람은 뱃길을 잘 알아서 물고기가 많은 곳으로 선원들을 이끌어 주었고요. 물고기를 판 돈을 나눌 때 모두 자기가 제일 많은 몫을 가져가야 한다고 생각할 텐데, 어떻게 하면 다툼 없이 그 돈을 나눌 수 있을까요? 이때 모두 똑같이 돈을 나눠 갖는다면, 앞으로 항해를 떠날 때 아무도 제대로 참여하려고 하지 않을 거예요. 돈을 많이 내든 일을 열심히 하든 이익을 똑같이 배분받으니까요.

그래서 기업은 여기에 또 하나의 조건을 걸게 됩니다. 바로 각각의 기여도에 따라 지분을 나누는 거예요. 투자한 금액만이 아니라 각자의 능력이나 일한 정도를 기준으로 삼아, 나누어 갖는 이익을 조정하는 거죠. 이를 통해 기업은 여러 사람의 뜻을 하나로 모으고, 효율적이면서도 공평해 보이는 방식으로 일할 수 있게 됩니다.

자, 기여하는 만큼 이익을 돌려드려요.

40만 원을 낸 사람 : 40%
20만 원을 낸 사람 : 20%
30만 원을 낸 사람 : 30%
물고기가 많은 곳을 잘 아는 선장 : 5%
그물을 잘 던지는 선원 : 5%

기업은 위험을 최소화하고 도전을 가능하게 해요

고기잡이 배로 기업의 예를 들긴 했지만, 사실 우리 주변에는 수많은 기업이 있어요. 스마트폰을 만드는 '애플'이라는 회사도 기업이고, 자동차를 만드는 '현대자동차'도 기업이에요. 그 외에도 다양한 물건이나 서비스를 생산하는 크고 작은 기업들이 있답니다.

이제 슬슬 이런 생각이 들 거예요. '그냥 모여서 열심히 일하면 되지, 왜 기업이라는 걸 만들어서 복잡하게 운영해야 하는 걸까? 굳이 왜 그러지? 그냥 친한 사람들 몇 명이 모여서 힘을 합쳐 열심히 하면 되잖아.'라고 말이죠.

그렇습니다. 기업이 하는 일이라는 게 결국 사람들의 힘과 돈을 합해서 하는 일이니 사람들이 모여서 하면 되긴 합니다. 그러나 단순한 모임과 기업은 큰 차이가 있어요. 예를 들어, 친구 열 명이 열심히 빵을 만들고 팔아서 빵 공장을 키웠다고 쳐요. 그런데 어느 날 빵 공장의 실수로 마을에 집단 식중독 사고가 생겼어요. 그래서 이 일을 해결하기 위해 10억 원이나 되는 비용이 발생했다고 가정해 봅시다. 문제는 공장과 기계를 다 팔아도 5억 원밖에는 안 나온다는 거예요. 그럼 나머지 5억 원은 어디서 구하죠?

이 공장이 그저 친구들의 모임에 불과하다면, 아마 친구들이 직접 집도 팔고 적금도 깨면서 돈을 모아야 할 거예요. 그러나 이곳이 훨씬 많은 사람들의 투자로 이루어진 기업이라면, 결과는 크게 달라질 겁니다. 투자한 돈이 있는데 이대로 문을 닫게 두긴 아깝지 않겠어요? 그러니 공장을 운영하는 사람뿐만 아니라 투자한 사람들도 기업을 살리기 위해 노력할 거고, 빵 공장은 파산하는 대신 다시 새로운 기회를 얻게 되겠지요.

4장
아슬아슬 인턴 탐구 생활

　그란발은 돈별 대표의 변명을 듣고 싶지 않았다. 끓어오르는 분노를 참지 못하고 화풀이하던 그란발이 털썩 무너지며 꺼이꺼이 울음을 터뜨렸다.
　"이제 몬섬의 희망이 사라졌어! 얘들아, 미안해~!"
　그때 그란발의 울음소리를 뚫고, 어디선가 작은 신음이 들려왔다.
　"아……니이이……야아."
　"무슨 소리지? 지금 누가 말한 거야?"
　비비 대장이 번뜩 정신을 차리고 모기같이 작은 목소리에 귀를 기울였다.
　"머어엄……쳐어……."
　지우리를 끌어안고 있던 깜토의 눈도 동그래졌다.

"지우리가 깨어났어!"

여전히 울먹이고 있는 그란발의 눈도 지우리를 향했다.

"지우리, 괜찮은 거야? 으앙~, 너무 다행이다!"

지우리가 깜토의 부축을 받으며 어렵게 몸을 일으켰다. 그러고는 팔다리를 움직여 보고, 입술도 이리저리 풀었다.

"아, 이제 됐다. 난 괜찮아. 이게 어떻게 된 거냐면……."

지우리가 깨어나며 가장 큰 오해는 풀렸다. 돈별과 김 비서에게 납치되어 오긴 했지만, 이렇게 쓰러진 건 결국 지우리의 부주의 때문이었다. 하지만 비비 대장은 지우리의 설명을 듣고도 의심을 풀지 않았다.

"그래도 네놈들은 못 믿어. 지우리를 납치한 건 사실이잖아."

말투는 여전히 단호했지만, 왠지 아까보다 목소리가 조금 누그러진 느낌이었다.

눈치 빠른 돈별 대표가 재빨리 끼어들었다.

"반디M 개발자를 어떻게든 모셔 오라고 했더니, 우리 김 비서가 너무 무리하게 했더군요."

김 비서가 기다렸다는 듯 꾸벅 머리를 숙였다.

"지우리 씨와 친구분들, 정말 죄송합니다. 지우리 씨를 모실 욕심에 나쁜 방법까지 쓰고 말았네요."

비비 대장의 이마에 주름이 새겨졌다.

"비서만 잘못인가? 돈별 대표, 당신이 무조건 지우리를 데려오라고 해서 이런 일이 생긴 거잖아!"

돈별 대표가 안타까운 얼굴로 말했다.

"지우리 씨가 너무 탐이 났어요. 돈스타에서 반디M처럼 반짝이는 제품을 만들어 준다면 얼마나 좋을까 하는 마음이 들었죠. 원반 보드에 안 태울 수가 없더라고요."

돈별 대표와 김 비서는 이후에도 여러 차례 몬들에게 사과했다. 그 모습을 본 지우리가 상황을 정리하며 나섰다. 사실 온실과 연구실을 본 지우리는 이곳에 관심이 생겼고, 다른 몬들을 설득하고 싶어 했다.

"비비 대장, 여기서 연구실 인턴이라는 걸 하면 온실에 있는 식물로 마음껏 실험을 할 수 있대. 우리 여기에서 같이 인턴 해 보자."

돈별 대표가 눈을 빛내며 말했다.

"오! 아주 좋은 방법이네요. 우리 돈스타는 지우리 씨 친구 모두를 인턴으로 뽑고 싶어요."

깜토가 어깨를 으쓱하며 말했다.

"인턴? 나하고 그란발은 이미 기획팀 인턴으로 뽑혔는데?"

돈별 대표가 이 말을 듣더니 함박웃음을 지었다.

"두 분이 벌써 인턴으로 뽑혔다고요? 이건 정말 운명이네요. 비비 씨는 보안팀 인턴을 하면 어떨까요?"

비비 대장이 못마땅한 얼굴로 되물었다.

"인턴이라는 게 뭔데? 그걸 왜 해야 하지?"

말이 끝나자마자 김 비서가 잽싸게 나섰다.

"인턴은 회사에 정식으로 입사하기 전에 직무 경험을 해 볼 수 있는 계약 형태예요. 업무를 잘하면 정직원도 될 수 있죠."

 자신과 맞지 않는 일이라면 그만둘 수 있고, 골드도 많이 준다니……. 김 비서의 말에 비비 대장의 마음도 조금 흔들렸다.

 꼬르륵.

 마침 그란발의 위장이 신호를 보냈다.

 김 비서가 시계를 보며 말했다.

 "벌써 점심시간이군요. 식사부터 하시고 다시 얘기할까요?"

 카페테리아는 8층에 있었다. 김 비서는 몬들에게 이곳에 대해 친절하게 설명해 주었다.

 "돈스타에서 일하는 사람들은 모두 이 카페테리아를 무료로 이용할 수 있어요. 매일 다양한 메뉴로 바뀐답니다. 흠, 오늘 점심은 특선 메뉴인 캐비어를 곁들인 스테이크 샌드위치로 할까요?"

 직원이 되면 맛있는 음식을 공짜로 먹을 수 있다는 말에, 그란발과 깜토가 뒤도 안 돌아보고 카페테리아로 돌진하며 외쳤다.

 "비비 대장, 우린 어차피 인간 세상을 배우기로 했잖아. 골드도 벌고 인간들의 일도 배울 수 있다니, 좋은 조건 같아!"

결국 몬들 모두 공짜 점심과 음료의 유혹에 넘어가고 말았다. 샌드위치와 음료를 골라 자리에 앉자마자, 김 비서가 냉큼 인턴 계약서를 내밀었다.

계약서에는 회사에서 지켜야 할 규칙들이 빼곡했다.

　　1. 회사에서는 모두에게 존댓말을 쓸 것
　　2. 영상 통화는 카페테리아에서만 가능
　　3. 특별한 이유 없이 다른 부서에 가지 않을 것
　　4. 업무 지시자의 말에 따를 것

딱히 어려워 보이는 일은 없었다.

"좋습니다!"

"뭐든 해 볼게요!"

그란발은 어느새 두 번째 샌드위치를 입에 넣고 있었다.

엘리베이터는 점심을 먹고 각자 자리로 돌아가려는 아바타들로 북적였다. 엘리베이터가 층마다 서며 아바타들을 내려 주었다.

　깜토와 그란발은 기획팀이 있는 7층에, 지우리는 연구실이 있는 2층에, 마지막으로 비비 대장은 보안팀이 있는 1층에서 내렸다. 6층에는 디자인팀, 5층에는 영업팀, 4층에는 회계팀, 그리고 3층에는 법무팀이 있었다. 회사에는 생각보다 다양한 부서들이 있었다.

그란발과 깜토가 7층에 도착하자, 기획팀장 제인이 씩씩대며 다가왔다.

"어딜 갔다 이제 오죠? 지금 회의 준비하느라 엄청 바쁘다고요. 회의 자료 열 부만 복사해서 회의실로 가져와 주세요."

"네? 복사라뇨?"

복사가 뭔지 알 리가 없는 두 몬은 당황하여 물었다. 하지만 제인은 그 말을 '고작 복사나 하란 소리야?'라는 의미로 알아듣고는 엄하게 말했다.

"원래 일은 작은 것부터 하나하나 배우는 거예요. 복사를 우습게 생각하지 마세요."

제인이 말한 자리에 거대한 기계가 서 있었다. 깜토가 기계에 적힌 작동 방법을 꼼꼼히 읽으며 말했다.

"이 뚜껑을 열고 그 위에 종이를 올려놓으면 똑같은 게 만들어진대!"

"뭐? 진짜? 그럼 내가 여기 올라가면 나랑 똑같은 몬이 하나 더 생기는 거야?"

그란발과 깜토는 인간 세상의 기계 앞에서 신이 나 대화를 이어 갔다. 그 모습이 다른 아바타들의 눈에는 그저 인턴이 되어 너무 행복한 두 젊은이의 잡담처럼 보일 뿐이었다.

"쯧, 새로 들어온 인턴들 왜 저렇게 시끄러워?"

회의실에서는 신제품 기획 회의가 진행 중이었다.

최근 클라이밍섬에 뾰족모기가 많아졌다고 해요. 그래서 말인데, 뾰족모기 전용 퇴치제를 새로 개발하면 어떨까요?

거기서 퇴치제가 잘 팔릴지는 모르겠어요. 암벽 등반 하려면 양손을 다 써야 할 텐데, 약을 꺼내 모기한테 뿌릴 수 있겠어요?

그렇겠네요. 그럼 가볍고 뿌리기도 쉬운 휴대용 스프레이를 만들어 볼까요?

꼭 스프레이여야 해요? 암벽 등반 전에 몸에 바르는 모기 퇴치제를 만들면 어때요? 뾰족모기가 쿡 찌르는 순간, 모기 안녕~.

그란발과 깜토가 회의실로 들어가자, 제인이 복사한 자료를 가져오라며 손짓했다.

"수고했어요. 자료는 저한테 주시고 두 분도 자리에 앉아 주세요."

그란발과 깜토는 뿌듯한 마음으로 자리에 앉았다.

하지만 자료를 받아 든 제인의 얼굴이 곧 붉으락푸르락해지더니, 회의실이 떠나갈 듯한 큰 소리가 울려 퍼졌다.

자료 대신 손발만 잔뜩 복사해 간 그란발과 깜토는 결국 회의실에서 쫓겨나고 말았다. 어깨를 축 내린 채 사무실 밖을 서성이던 두 몬의 발길은 8층 카페테리아 앞에서 멈췄다. 건물을 순찰 중이던 비비 대장도 막 도착한 참이었다.

"무슨 일 있었어?"

비비 대장의 물음에 깜토가 우울한 얼굴로 말했다.

"기획팀 일은 나한테 너무 어려운 것 같아……."

비비 대장은 지우리도 걱정이 되었다.

"회사 일이 만만치 않아……. 지우리는 괜찮을까?"

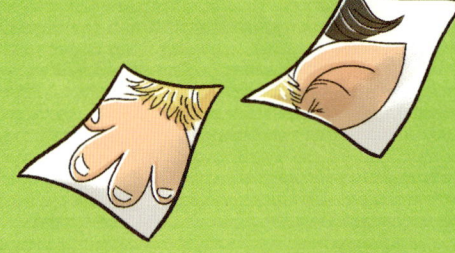

근데 무슨 일이 그렇게 어려웠어?

복사라고, 아주 까다로운 일이야. 열심히 했는데 엄청 혼나고 말았어.

그래도 아까 그 기계는 정말 신기하더라. 인간 세상엔 정말 없는 게 없는 것 같아.

무슨 기계인데?

기계에다 종이를 넣으면 똑같은 내용이 담긴 종이를 여러 장 만들 수 있어. 나도 복사되는지 해 봤는데, 그건 안 되더라고.

비비 대장은 어땠어? 보안팀에서 뭐 재밌는 일 없었어?

 아! 관제실이라는 곳에 갔더니, 이 큰 건물 안팎의 모습이 수십 개의 모니터에 영상으로 뜨더라고. 저기 매달린 것들이 모두 CCTV라는 감시 카메라야.

억! 웬 감시 카메라가 저렇게 많아. 여기서 오래 놀다가 또 혼나는 거 아냐? 난 잠시 좀….

 깜토, 갑자기 왜 숨는 거야?

앗, 미안…. 감시한다길래 무서워서 그만….

 사건 사고가 일어났을 때 확인하는 용도니까, 너무 걱정하지 않아도 돼~.

이기자 리포트 2

기업 성장의 비밀 ① 인적 자원

몬들이 드디어 돈스타에 입성했군요. 기업에서는 하나의 제품을 만들어 내는 데도 여러 사람들의 협동이 필요해요. 거대한 분업 조직인 셈이죠. 기업들은 어떻게 운영되고 있을까요?

시장 경제 사회의 중심, 기업

지금까지 우리는 사람들이 원하는 것들은 대부분 희소하기 때문에 경제 활동을 통해 돈을 벌어야 원하는 것을 살 수 있다는 것, 그 경제 활동은 개인이 혼자 꾸리는 것보다 기업이라는 조직을 통해 이뤄지면 훨씬 더 효율적으로 할 수 있다는 것을 배웠어요. 실제로 주변을 둘러보면 우리가 입고 먹고 사용하는 거의 모든 것은 기업이 만든 것임을 알 수 있죠. 기업이 개인보다는 물건을 더 빠르고 저렴하게 많이 생산할 수 있어 효율적이기 때문이에요.

이처럼 기업은 경제 활동의 중심입니다. 사람들이 기업으로 출근을 하는 것도, 애플, 마이크로소프트, 삼성, 현대자동차, 넷플릭스 등 수많은 기업들이 뉴스의 중심에 있는 것도 이런 이유 때문이지요.

좋은 기업이 되기 위한 첫 번째 조건은 바로 사람이에요

기업들은 더 많은 소비자의 선택을 받기 위해 항상 노력해요. 그렇다면 어떻게 해야 소비자의 선택을 받을 수 있을까요?

사람들이 좋아할 만한 물건을 싸게 만들면 될까요? 당연히 그럴 거예요. 사람들이 필요로 하는 물건을 저렴한 비용으로 만들 수 있다면 파는 가격도 그만큼 낮아질 테니, 소비자에게도 이득이겠죠. 만약 만든 비용보다 좀 더 비싸게 팔아서 더 많은 이익을 남기더라도, 그 돈을 더 좋은 상품을 만드는 데 사용한다면 그것 역시 장기적으로는 소비자에게 좋은 일이 될 수 있습니다. 어느 쪽이든 더 싼 가격이나 더 좋은 품질, 둘 중 하나는 소비자가 누릴 수 있도록 해 주니까요.

소비자에게 더 좋은 가격이나 더 좋은 품질을 제공하려는 기업의 노력은 더 좋은 회사가 되고 싶다는 바람과도 닿아 있습니다. 그리고 이것은 한 가지 결론으로 이어지죠. 바로 '좋은 기업은 좋은 사람들이 만든다'는 거예요. 기업이 하는 일들, 즉 아이디어를 내고, 기술을 개발하고, 품질을 개선하는 등의 일은 모두 기업을 구성하는 사람의 역할이기 때문입니다.

가방이나 신발이 기계에서 뚝딱뚝딱 완성돼 쏟아져 나오는 것 같아도, 그 과정엔 전부 사람이 관여하지요. 그러니 기업에 모여 있는 사람들의 차이가 좋은 기업이냐 아니냐를 결정한다고도 할 수 있어요.

기업은 인적 자원 확보를 위해 다양한 투자를 해요

이야기 속에서 돈스타는 장기 자랑을 통해 인턴을 선발하는데요, 실제 회사가 이런 방식으로 인재를 채용할 거라고 생각한 독자는 없겠죠? 물론 독특한 장기나 취미가 창의적으로 활용될 수 있다고 생각해 점수를 조금 더 줄 수는 있겠지만, 실제 기업의 인재 채용은 매우 엄격한 기준으로 이루어진답니다. 기업의 목표 달성은 훌륭한 인재를 통해서 가능하니까요.

좋은 기업이냐 아니냐를 가르는 중요한 요소인 직원은 '인적 자원'이라고도 말해요. 회사는 인적 자원의 수준을 높이고, 능력 있는 사람을 직원으로 뽑기 위해 다양한 노력을 하죠. 넓고 쾌적한 사무실을 운영하는 것도, 직원들에게 월급과 휴가를 많이 주려는 것도, 인센티브 같은 제도를 운영하는 것도 모두 좋은 인적 자원을 갖추기 위해서라고 할 수 있어요. 사람들이 일하기 좋은 환경을 만들어야 능력 있는 인재들이 직원 채용에 많이 지원할 테고, 능력 있는 사람들이 많이 들어와야 좋은 기업이 되며, 그래야 그 기업이 성장할 수 있으니까요.

효율적인 인적 관리가 성장을 이끌어요

좋은 인재를 뽑는 것만으로 회사가 저절로 좋아지는 건 아니에요. 인적 자원을 효율적으로 관리해야 기업의 성장으로 연결될 수 있답니다. 약초에 대해 잘 아는 지우리는 연구실에, 겁이 없고 용감한 비비 대장은 보안팀에 배치한 것처럼요.

그리고 똑같은 사람이라도 회사가 그 사람을 어떻게 활용하느냐에 따라 좋은 직원이 되기도 하고, 좋지 않은 직원이 되기도 해요. 분업에서 얘기했던 자동차 공장의 사례 기억하나요? 100년 전 포드자동차는 처음에 자동차를 잘 만드는 전문가들을 뽑아서 자동차를 만들게 했어요. 자동차를 많이 생산하려면 자동차를 잘 만드는 전문가들을 많이 뽑아야 했는데, 그런 전문가들은 매우 소수였죠. 고민 끝에 포드자동차는 일단 자동차를 만들 줄 모르는 일반 근로자들을 직원으로 많이 뽑았어요. 그런 다음 직원들에게 각자 잘하는 작업만 계속하도록 시켰죠. 한 가지 일만 가르쳐서 잘할 수 있게 만드는 건 매우 쉬운 일이었거든요.

그렇게 자동차 공장의 일하는 방식을 바꾼 포드자동차는 하루에도 자동차를 여러 대 만들 수 있게 되었어요. 기업이 인적 자원을 더 잘 활용한 좋은 사례죠. 덕분에 자동차를 더 쉽게 만들어 낼 수 있게 됐고, 자동차의 가격도 낮아졌답니다.

기업들은 항상 더 좋은 인적 자원을 확보하기 위해서 노력하기도 하지만, 동시에 같은 인적 자원도 더 잘 활용해 보려고 노력해요. 그 노력이 성공을 거두면 기업은 돈을 많이 벌게 되고, 그 결과 우리 모두가 더 낮은 가격으로 더 좋은 제품을 가질 수 있게 되니 소비자들에게도 좋은 일이에요.

5장 돈스타의 수상한 연구 일지

제나가 학원에서 돌아오자마자 엄마에게 전화가 걸려 왔다.

"이제나, 너 이럴 거야?"

휴대폰 너머로 엄마 목소리가 쩌렁쩌렁 울렸다. 제나가 휴대폰을 귀에서 멀찍이 떨어뜨렸다.

"엄마, 나 귀 멀쩡해."

"귀만 멀쩡하고 다리는 안 멀쩡하지? 영어 학원엔 왜 자꾸 지각하는 거야?"

"영어는 재미없는 걸 어떻게 해."

제나가 입술을 뿌루퉁 내밀며 말했다.

"이제나, 너 꿈이 대상인이라며. 영어도 못하면서 대상인 잘도 하겠다."

"대상인은 장사만 잘하면 되거든?"

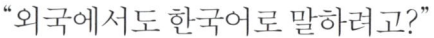

"외국에서도 한국어로 말하려고?"

"외국?"

"제나야, 요즘 같은 글로벌 시대에 사업을 한국에서만 하니? 좋은 대학 나와서 글로벌 기업에 들어가야 글로벌 대상인이 되지. 그러려면 영어는 필수야, 필수."

요즘 같은 테크놀로지 시대에 번역기도 모르시나? 제나는 앞으로 동시 통역기 시대가 열릴 거라고 말하려다 참았다. 그랬다가는 엄마의 잔소리가 두 배로 길어질 테니까.

우박처럼 따가운 엄마의 잔소리가 마지막을 향해 달려갔다. 엄마는 공부를 잘해야 좋은 대학에 가고, 좋은 대학에 가야 원하는 일도 할 수 있다는 말을 줄줄이 쏟아 내더니, 이따 집에 가서 더 얘기하자며 전화를 끊었다.

"집에 와서 또 할 거라고?"

제나 입에서 앓는 소리가 났다.

제나는 친구들과 두루두루 잘 지냈다. 반에서 손꼽히는 피구 선수이고, 발표도 씩씩하게 잘했다. 학교 도서관의 책을 누구보다 많이 빌려 읽어서 사서 선생님과도 아주 친했다. 제나는 자신의 다른 멋진 모습을 엄마가 인정해 주길 바랐지만, 엄마 눈에는 제나의 성적만 보이는 것 같았다.

그 때문에 제나는 하루 종일 엄마가 짜 놓은 빽빽한 스케줄대로 학원에 가야 했다. 게다가 학교와 학원 숙제까지, 해야 할 일이 너무 많았다.

제나는 마음이 답답해져 창문을 활짝 열었다. 집 안으로 들어오는 바깥 공기를 들이켜자, 문득 몬들이 떠올랐다.

간단한 퀘스트도 못 하고 우당탕거리던 몬들! 하지만 제나가 곤란에 처하자 가장 먼저 나서서 도와줬던 것도 그들이었다. 제나는 유쾌한 몬들을 만나 함께 웃고 떠들고 싶어졌다.

시계를 보니 일곱 시였다. 평소에 접속하는 시간보다 삼십 분쯤 일렀지만, 지금은 어서 몬들을 만나고 싶었다. 제나는 얼른 고글을 썼다.

골드시티로 들어온 제나는 몬들에게 메시지를 보냈다.

그란발, 뭐 해?

잠시 뒤 그란발에게 답장이 왔다.

비비 대장하고 깡토랑 공짜 코코아 먹고 있어!

제나가 얼른 영상 통화를 연결했다.

"그란발, 지금 어디에 있어? 이벤트인가? 나도 알려 줘. 지금 갈게~!"

제나야, 여기 돈스타 카페테리아야.
여긴 음료가 공짜다?
점심에는 샌드위치도 공짜야.

그란발의 말에 제나는 잠시 눈만 깜박였다.

"돈스타의 인턴이 됐다고? 너희가? 어떻게?"

그란발이 그간 있었던 일을 제나에게 들려주었다. 지우리의 납치부터 그란발과 깜토의 인턴 시험, 비비 대장의 환기구 모험 얘기까지 모두.

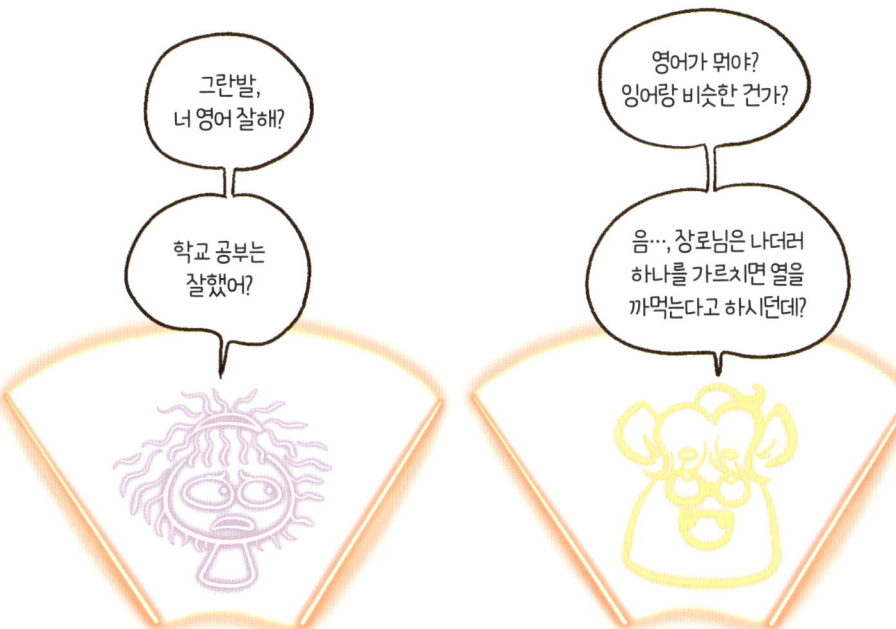

제나가 웃음을 터뜨렸다. 엄마가 생각나서였다.

엄마가 제나를 걱정해서 자꾸 잔소리한다는 걸 안다. 엄마가 하는 말이 틀린 게 아니라는 것도 안다. 꿈을 이루려면 노력해야 하고, 꿈을 이루기 위한 공부를 게을리하면 안 된다는 건 옳은 말이었다.

그렇지만 영어를 잘해야만 좋은 대학에 가고, 좋은 대학에 가야만 글로벌 기업에 취직해 글로벌 대상인이 될 수 있다는 엄마 말은 세상에 색깔이 단 한 가지밖에 없다는 거랑 비슷하게 느껴졌다. 특히나 다양한 재능을 뽐낼 수 있는 골드시티에서는!

"이래서 골드시티가 좋다니까. 너희 재밌겠다!"

그란발 옆에 있던 깜토가 고개를 저으며 말했다.

좋긴 한데 일은 힘들어. 지우리만 신났어.
지금도 연구실에서 실험 중이거든.

제나는 지우리가 연구실에 있다고 하자 궁금증이 일었다.

"돈스타 연구실은 어떻게 생겼어?"

우리도 아직 제대로 못 봤어.
식물 종류가 엄청 많던데?
지우리는 보자마자 반한 모양이야.

좀처럼 흥분하지 않는 하루마저 몬들이 돈스타의 인턴이 되었다는 말에 눈이 커졌다. 게다가 지우리가 돈스타의 핵심 장소인 연구실에 있다니 놀라지 않을 수 없었다.

제나가 몬들을 살살 구슬렸다.

"비밀은 꼭 지킬게! 너희도 연구실 가 보고 싶지 않아?"

틀린 말은 아니었다. 사실 몬들도 걱정 반 호기심 반으로 지우리를 찾아가 보려던 참이었으니까.

결국 그란발과 깜토, 비비 대장은 제나의 설득에 넘어가고 말았다. 영상 통화를 그대로 켠 채, 조심조심 카페테리아 밖으로 나가 보았다.

연구원들이 대부분 퇴근한 터라 연구실은 음산하게 느껴질 만큼 조용했다. 지우리가 내뱉는 "흐음, 으흠, 호오." 하는 작은 추임새가 연구실 전체에 울릴 정도였다.

도파민 팀장이 지우리에게 시킨 첫 번째 일은 연구 일지를 모두 읽어 보는 것이었다. 말이 쉽지, 사실 자료실에 쌓인 연구 일지는 다음 보름달이 뜰 때까지도 다 읽지 못할 양이었다. 그래도 지우리는 힘들기는커녕 오히려 신이 났다. 지우리 눈에는 자료실이 보물단지나 다름없었다.

지우리는 우선 제목을 보며 관심 가는 연구 일지만 모았다.

그다음, 책상에 연구 일지를 탑처럼 쌓아 두고, 화장실 가는 것도 잊은 채 일지를 하나씩 꼼꼼히 살폈다.

지우리가 지금 읽고 있는 건 '싹싹 비료 연구 일지'였다. 연구 목적부터 실험 과정까지 세세히 적혀 있어, 직접 실험해 보지 않아도 그 과정을 다 알 수 있을 것 같았다. 하지만 일지를 거의 다 읽었을 때쯤, 지우리의 눈에 미심쩍은 문장이 들어왔다.

팜섬에서 싹싹 비료를 실험하던 중 반디레드 떼가 나타났다.
벌레싹을 함께 실험해 볼 기회였다.
그런데 벌레싹을 뿌렸더니, 두피가 간지럽다. 왜 이럴까?

지우리가 눈썹을 찡그렸다가 풀었다.
"이게 뭐지? 뭔가 좀 찝찝한데……."

지우리는 곧이어 '벌레싹 연구 일지'를 펼쳤다.

벌레싹에 대한 연구 일지는 꽤 흥미로웠다. 벌레싹이 골드 시티의 각종 해충 문제를 단박에 해결할 수 있을 거라는 부분에서는 연구원의 자부심이 느껴지기도 했다. 그런데 문장이 뒤로 갈수록 점차 어두워졌다.

반디레드는 어쩌면 우리가 초래한 재앙일지도 모른다.
반디레드의 원인이었던 초록 꽃은 지하로 스며든 폐수와
비료 찌꺼기가 축적되면서 만들어진 게 분명하다.
과연 내가 하고 있는 일이 옳은 걸까?

돈스타의 벌레싹은 지금 팜섬의 아바타들에게 없어서는 안 될 필수품이다. 그런데 그 약이 필요한 환경이 되어 버린 것 역시 돈스타의 제품인 싹싹 비료 때문이라니!

게다가 연구 일지에 따르면, 연구원은 이미 이 문제를 해결할 방법을 찾는 데 성공했다. 토양의 성분을 바꾸어 초록 꽃이 더는 자라지 않게 하는 약도 개발한 상태였다.

'정말 이상해. 왜 아직까지 반디레드를 그냥 놔두고 있지? 연구 결과를 보고하지 않은 것도 아닐 텐데……'

돈스타는 반디레드 문제의 원인과 해결책까지 다 알면서도 문제를 해결하지 않았다. 과연 무엇 때문일까?

지우리가 침을 꿀꺽 삼키며 다음 장을 넘긴 순간, 문이 벌컥 열렸다.

 얘들아, 화면 좀 잘 보이게 해 봐!

 조용히 해! 그러다 우리 목소리가 새어 나가면 정말 큰일이라고!

 알았어. 아휴, 답답해. 몬들이 아니라 내가 돈스타의 인턴이 됐어야 하는데.

 그게 쉬운 줄 알아? 넌 뭘로 어필할 건데?

 나야말로 돈스타가 탐낼 인재지! 골드시티의 대상인 꿈나무, 제나잖아!

 그러니까~. 어떻게 증명하려고 했냐고.

 반디M 처음 만들었을 때, 내가 제품 포장부터 홍보까지 다 도운 거 몰라?

오, 그래. 그건 인정! 그리고 또?

 그리고… 음, 또….

얘들아, 잘 들려? 무슨 대화 중이야?

 별거 아냐. 이제 연구실 도착한 거야?

응, 이제 다 왔어. 지우리 완전 놀라게 해야지~.

 그러니까 너네 둘 다 쉬잇~!

꺄앗! 너무 기대돼. 얼른 들어가 봐~!

이기자 리포트 3

기업 성장의 비밀 ② 기술 자원

돈을 벌기 위해서는 사람들이 필요로 하는 것을 주어야 한다는 얘기를 앞에서 했었죠. 그런데 세상에는 그런 기업이 너무나 많아요. 어떤 기업이 소비자의 선택을 받을 수 있을까요?

기업은 소비자의 마음을 연구해요

수많은 기업 중 소비자의 선택을 받기 위해서는, 소비자가 필요로 하는 제품을 만들어 소비자가 구입할 수 있는 가격에 판매해야 합니다. 조금 더 정확히 말하자면, '소비자가 그 물건이나 서비스에 예상하는 가격보다 싼 가격'이어야 될 거예요.

또한 소비자가 필요로 하는 게 무엇인지 잘 파악하여 그에 맞는 상품을 내놓는 것도 중요해요. 그래서 돈을 벌려면 사람들이 뭘 필요로 하는지 발견하는 능력을 키워야 하죠. 이 능력을 어떻게 키우냐고요? 우선은 주변 친구들에게 관심을 갖고, 무엇이 있으면 좋을지 생각하는 습관을 만들어 보세요. 그 습관이 나중에 큰돈을 벌게 해 줄 거예요.

기업의 경쟁력은 바로 기술 개발에 있어요

사람들이 뭘 필요로 하는지 발견해 내는 건 비교적 쉬운 일이지만, 그걸 사람들이 생각하는 가격보다 더 낮은 가격에 만들어 파는 건 훨씬 어려워요. 예를 들어, 스마트폰은 사람들이 꼭 필요로 하는 제품이지만 그걸 소비자가 지갑을 기꺼이 열 정도로 저렴한 가격에 만들어 내는 건 쉬운 일이 아니거든요. 수백 개의 복잡한 부품을 손바닥보다 작은 기판 위에 조립해서 회로를 작동하게 하는 건 누구나 할 수 있는 일이 아니니까요. 이때 필요한 게 바로 기술입니다.

기업은 오랜 기간 투자하고 연구해서 그 기업만의 기술을 확보하기 위해 노력해요. 그리고 기술을 만들 줄 아는 사람(인적 자원)과 효율적인 기술(기술 자원)을 모두 갖추었을 때, 기업은 비로소 경쟁력을 갖게 됩니다.

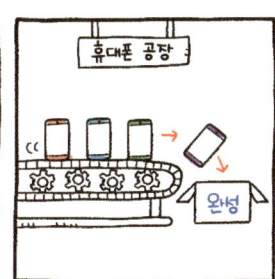

기업의 기술 개발은 우리 생활을 편리하게 하죠

스마트폰은 우리 삶을 많이 바꿔 놓았어요. 스마트폰 덕분에 집에서 택시를 부를 수도 있고, 지도 없이 길을 쉽게 찾을 수도 있게 됐죠. 사진이나 영상을 주고받는 일도 훨씬 쉬워져서, 멀리 떨어져 있는 사람과도 다양한 것들을 공유할 수 있게 되었어요. 스마트폰이 없던 세상에서는 상상도 할 수 없었던 일이죠. 스마트폰은 전화기, 시계, 카메라, 인터넷, 음악 재생, 계산기, 노트 등 아주 많은 기능을 하나의 기기로 해결하게 했거든요. 스마트폰 덕분에 우리가 아낄 수 있는 비용이나 얻게 되는 이득은 엄청나게 많을 거예요. 하지만 그 가치에 비하면 스마트폰의 가격은 그렇게 비싸지는 않아요. 기업이 가진 기술 자원이 때로는 시장에서 적절한 가격을 받지 못할 때가 있거든요. 그 이유에 대해서는 다음 장에서 좀 더 얘기해 보죠.

이기자 리포트 4
경제의 외부 효과

지우리가 발견한 일지를 보니 반디레드가 발생한 건 싹싹 비료 때문이라고 해요! 실제로 기업의 활동이 외부에 예상치 못한 영향을 끼치는 경우가 종종 있어요. 그럴 땐 어떻게 해야 할까요?

경제에는 외부 효과가 작용해요

스마트폰의 등장은 우리 생활을 바꾸어 놓았을 뿐만 아니라 사회 전반에 큰 영향을 끼쳤어요. 스마트폰이 널리 보급되면서 반도체나 애플리케이션 등 관련 산업이 크게 성장했거든요. 이렇게 개인이나 기업의 경제 활동으로 예상치 못한 혜택이 발생하는 것을 '긍정적 외부 효과'라고 해요.

긍정적 외부 효과는 영향력을 미치긴 하지만 가격에 반영되거나 따로 비용을 내야 하는 건 아니에요. 스마트폰의 경우, 경제적 파급 효과를 생각하면 한 대에 수천만 원 이상의 가치를 갖지만 주로 1~2백만 원 선에서 팔리는 것처럼요. 혜택을 보는 관련 기업들도 스마트폰을 만드는 기업에 따로 돈을 내진 않죠.

긍정적 외부 효과는 우리 주변에서도 찾을 수 있어요. 가령 골목에 가로등을 설치하면 사람들이 밤에 안전하게 다닐 수 있죠.

문제는 이런 효과가 가격에 반영되지 않기 때문에 필요한 것보다 적게 생산될 수 있다는 거예요. 사회에 꼭 필요하지만 연구 개발에 아주 큰 돈과 시간이 드는 약이 있다고 쳐 봐요. 약값에 이 효과가 제대로 반영되지 않는다면 제약 회사는 어마어마한 비용을 감수하면서까지 약을 개발하려 하지 않을 거예요. 그래서 이런 경우, 나라에서 연구 개발비를 지원해서 약이 생산될 수 있도록 독려해요. 학교나 도로 건설 등 공공의 이익을 위해 필요한 사업은 나라에서 직접 나서기도 하지요.

외부 효과는 긍정적일 수도, 부정적일 수도 있어요

팜섬 농장 바로 옆에 벌을 키우는 양봉장이 있다면 어땠을까요? 농장에 꽃이 피면 덕분에 꿀벌들도 꿀을 많이 모아 올 것이고(긍정적 외부 효과), 농장에 반디레드가 많아져서 농사를 망친다면 양봉장의 꿀벌도 줄어들게 될 거예요(부정적 외부 효과).

이렇게 외부 효과는 긍정적인 경우뿐만 아니라 부정적인 경우도 있어요. 돈스타에서 생산하는 싹싹 비료 때문에 하천이 오염되어 반디레드가 퍼진 것도 부정적 외부 효과죠. 실제로 공장에서 폐수를 거르지 않고 버리는 바람에 주변 주민이나 환경에 피해를 주는 사례가 발생하기도 해요. 이런 경우 피해가 더 커지지 않도록 나라에서 공장에 부담금이나 과태료를 매겨서 규제할 수 있답니다.

6장
벌레싹 소동의 결말은?

마지막으로 들어온 비비 대장이 문을 꼭 닫으며 말했다.

"잠시만 있다 나갈게. 그나저나 뭐 하고 있었어? 약초 실험 중인 거 아니었어?"

갑자기 등장한 친구들 때문에 당황하긴 했지만, 사실 지우리도 지금 하루와 제나의 도움이 필요한 참이었다. 아무리 고민해 봐도 연구 일지에 적힌 내용들은 지우리 혼자서 해결할 수 있는 문제가 아니었다.

"이전 연구 자료들을 보고 있었어. 그런데 말이야, 이 부분이 조금 이상해……."

지우리가 잠시 망설이듯 주춤하더니, 곧이어 연구 일지에서 본 내용을 친구들에게 간략히 설명했다.

뭐? 그럼 반디레드가 발생한 원인을 돈스타는 이미 알고 있었다는 거야?

하루와 제나가 즉각적으로 반응하며 호들갑을 떨었다. 조용히 있기로 한 약속 같은 건 이미 머릿속에서 사라진 뒤였다.

"응, 그런 것 같아. 여기 보면……."

똑똑! 지우리가 연구 일지를 하루와 제나에게 보여 주려던 순간, 누군가 문을 노크하는 소리가 들렸다. 그란발과 깜토, 비비 대장은 서둘러 책상 아래로 몸을 숨겼다.

도파민 팀장은 그란발과 깜토, 비비 대장을 서둘러 연구실 밖으로 내몰았다. 지우리에게 내일 다시 얘기하자고 단단히 으름장을 놓는 것도 잊지 않았다.

그때, G패스에서 하루의 목소리가 울렸다.

"전 처음 듣는 얘깁니다만……."

도파민 팀장은 전혀 모르는 얘기인 듯 말했지만, 누가 들어도 어색한 말투였다. 거짓말을 하고 있는 게 분명했다. 이를 눈치챈 지우리가 조목조목 따지기 시작했다.

"팀장님, 제가 반디레드의 비밀을 밝혔다는 건 아시죠? 오늘 저 연구 일지를 읽다가 싹싹 비료 때문에 초록 꽃이 발생했다는 것도 알게 됐어요. 돈스타가 이 모든 사실을 알고 있다는 것까지요! 그러니 발뺌할 생각 말고 그만 인정하시죠?"

지우리의 말이 끝나자, 도파민 팀장은 세상이 무너진 듯한 표정을 짓더니 그대로 주저앉고 말았다.

"아……, 더 이상 물러설 곳이 없군요. 맞아요, 우리 제품이 반디레드가 발생한 원인이에요. 우린 해결책도 알고 있었지만, 실행하지 않았어요. 반디레드가 없어지면 벌레싹 판매가 크게 줄 테니까요. 게다가 벌레싹이 부작용까지 일으킨다는 사실을 알고 제가 얼마나 양심의 가책을 느꼈는 줄 알아요? 그놈의 머리 빠짐 말이에요! 그래서 반디M을 연구해 벌레싹의 개선법을 찾으려고 했는데……."

지우리는 도파민 팀장의 말을 이해할 수 없었다.

"벌레싹 부작용과 반디M이 무슨 관계가 있어요?"

도파민 팀장은 거의 울먹거리며 말했다.

"반디M은 부작용이 없으니까요. 그래서 그 제품을 연구하면 벌레싹의 문제를 해결할 수 있을 거라고 생각했죠……."

결국 이 문제의 최종 결정은 돈별 대표와 상의하기로 했다. 지우리가 반디M의 제조 기술을 전수해 주기로 했다는 소식에 돈별 대표는 문밖까지 나와 일행을 맞이했다.

"반디M 만드는 법을 우리에게 준다니 정말 고마워요. 사례를 어떻게 해야 할지……."

"돈스타에서 잘 사용해 주시면 돼요. 우리는 이 약으로 필요한 골드를 모두 모았고, 이 약은 팜섬에 꼭 필요한 약이니까요."

욕심 없는 지우리는 어렵게 개발한 반디M 제조법을 그대로 넘겨주겠다고 했다. 단, 조건이 있었다.

"하지만 그전에 싹싹 비료 생산을 멈추고 초록 꽃이 더는 나지 않도록 해 주세요. 그리고 골드시티 시민들에게 벌레싹 부작용도 모두 공개하시고요! 반디M이 있다면 벌레싹은 더 이상 필요 없잖아요."

환하게 웃던 돈별 대표의 얼굴이 부자연스럽게 일그러졌다.

"네? 그게 무슨……."

도파민 팀장이 얼른 끼어들었다.

"이분들 이미 다 알고 있어요. 벌레싹을 많이 사용하면 탈모 부작용이 발생할 수 있다는 것도……."

그 순간 돈별 대표가 도파민 팀장의 입을 얼른 막았다.

돈별 대표는 몸을 부들부들 떨며 주먹을 꽉 쥐었다.

"반디M 때문에 참았는데, 이제 도저히 못 듣겠네요. 김 비서, 이 친구들 싹 신고해 버려요. 나 머리 좀 식혀야겠어."

김 비서가 머뭇거리며 가발을 벗었다.

"대표님, 저도 최근에 머리숱이 너무 빠져서 가발을 쓰고 있었습니다. 벌레싹의 부작용이라는 걸 제가 알았다면……."

김 비서는 가발을 쥔 채 바닥에 털썩 주저앉았다. 한 줌밖에 안 되는 빈약한 머리카락이 안타까워 보였다.

"우리도 더는 참지 않겠어!"

두 경호원은 이글이글 타오르는 눈으로 돈별 대표를 노려보았다.

"우리가 돈스타를 위해 얼마나 열심히 일했는데, 이런 중대한 일을 숨기다니! 돈별 대표, 이게 다 당신 책임이야!"

몬들이 돈스타 건물을 나섰을 때는 이미 퇴근 시간이 한참 지나 사방이 어둑어둑했다. 돈스타 건물 앞으로 제나와 하루가 달려왔다.

"왜 이렇게 늦었어?!"

"갑자기 통신이 끊겨서 얼마나 놀랐는데!"

몬들이 돈별 대표를 만나러 간 뒤로 영상 통화 연결이 되질 않자, 제나와 하루는 무슨 일이라도 났을까 봐 염려되어 돈스타로 달려왔다고 했다.

"어떻게 됐어?"

"돈별 대표가 부작용 문제를 인정했어?"

두 아이의 호들갑스러운 질문이 이어지자, 비비 대장이 건물에 붙어 있는 전광판을 가리키며 자랑스레 말했다.

"곧 알게 될 거야. 돈별 대표가 중대 발표를 하기로 했거든."

비비 대장이 가리키는 전광판에 재생되고 있던 돈스타의 화려한 광고가 꺼지더니, 곧 슬픈 얼굴을 한 돈별 대표가 나타났다. 돈별 대표가 떨리는 목소리로 말했다.

"여러분, 저는 오늘 중대 발표를 합니다. 벌레싹을 쓰면 부작용이 일어나는 걸 알게 되었습니다. 머리카락이 빠지거나 피부가 간지럽거나 몸에 붉은 반점이 난다면, 즉시 사용을 멈춰 주세요. 여러분께 깊이 사과드립니다."

돈별 대표의 눈에서 눈물 한 방울이 또르르 흘러내렸다. 돈별 대표는 손수건으로 눈물을 콕콕 찍으며 고개를 숙였다.

전광판이 꺼졌다 켜지며 화면에 다시 돈스타 로고가 찬란하게 반짝였다. 어리둥절해진 사람들이 수런거리기 시작했다.

"우리가 지금 무슨 얘기를 들은 거야?"

"벌레싹에 부작용이 있다고?"

"어쩐지 저거만 쓰면 머리가 가렵더라!"

제나와 하루는 몬들을 바라보았다.

"저 사과……, 너희가 해낸 거야?"

그란발이 우쭐거렸다.

"맞아. 어때, 우리 좀 멋있지?"

지우리가 배낭을 툭툭 두드리며 만족스레 말했다.

"인턴도 그만뒀어. 대신 연구실 온실에서 풀이랑 꽃을 실컷 따서 나왔지."

하루가 조심스럽게 물었다.

"좋은 곳인데 아쉽지 않아?"

그란발이 고개를 끄덕였다.

"카페테리아는 정말 좋았어."

깜토가 이어 말했다.

"코코아 또 먹고 싶다."

그러자 비비 대장이 손을 쭉 뻗어 기지개를 켰다.

"그래도 날마다 출근하면 재미없을 것 같더라."

하루가 절레절레 고개를 저었다.

"너네가 가는 곳엔 왜 사고가 끊이질 않냐."

그란발과 깜토, 지우리, 비비 대장이 킥킥 웃었다.

그때 화가 난 아바타들이 돈스타 건물 앞으로 바람을 일으키며 달려갔다. 이 일을 취재하려는 기자들, 궁금해하는 이들도 건물 앞에 구름처럼 모였다. 그란발이 지우리를 툭툭 쳤다.

"고생 좀 하겠다, 그치?"

지우리가 환하게 웃었다.

"지금껏 잘못한 게 있으니 그 정도는 해야지~."

그런데 돈스타에서 초록 꽃 문제를 해결해서 반디레드가 없어지면 반디M도 더는 안 필요한 거 아냐?

아직 해결해야 할 벌레 문제가 많잖아. 반디M 제조법이 도움이 될 거야.

참, 반디M 제조법 말이야. 정말 돈스타에 다 넘겼어?

응, 그래야 벌레싹을 더는 안 만들 거 아냐.

아까워~. 특허로 돈을 벌 수도 있단 말이야. 왜 그걸 그냥 알려 줘!

특허? 대체 그게 뭐야?

내 허락 없이는 내가 만든 기술을 쓸 수 없게 하는 거야. 사용할 때는 돈을 내야 하지.

뭐? 그런 게 있었단 말이야?

그래~! 어휴, 바보들. 특허 냈으면 골드시티에서 벼락부자가 될 수도 있었을걸?

정말? 그게 사실이면 더 이상 고생하면서 골드를 벌지 않아도 됐을 텐데.

진정해, 얘들아. 새로운 약은 언제든지 또 만들면 돼. 난 몬섬에서 손꼽히는 약초사잖아.

그래, 지우리! 골드 많이 벌 수 있는 약도 만들고, 쿨쿨병 약도 만들자!

그게 그리 쉬운 일이 아닌 게 문제지….

어쨌든 파이팅!

이기자 리포트 5

기업의 사회적 책임

'기업의 사회적 책임'은 나날이 중요해지고 있어요. 이제 기업 생존의 필수 요소로 이야기되기도 하지요. 사회적 가치를 위해 일하는 기업이란 무엇인지 알아볼까요?

기업은 우리 사회를 움직이는 가장 큰 원동력이에요

사람들은 돈을 벌기 위해 기업이라는 조직을 만들고, 기업은 좋은 물건을 소비자들이 구입할 만한 가격에 만들고 팔아서 돈을 벌어요. 기업은 그렇게 번 돈으로 직원들 월급을 주고 회사에 투자한 이들에게 배분도 해요. 그리고 그 과정에서 회사 직원이나 투자자가 아닌 사람들도 돈을 벌게 되는데, 사실 이것이 기업의 중요한 사회적 기능 중 하나랍니다. 기업의 물건을 광고하거나 팔거나 배달하는 과정에서 여러 직종들이 추가로 생겨나거든요.

그래서 정부와 사회가 나서서 더 많은 기업이 만들어지도록 지원을 하는 거예요. 기업이 많아질수록 더 좋은 제품이 만들어지고, 우리 생활이 편리해질 수 있으며, 그 과정에서 일어나는 고용을 통해 우리 경제가 돌아가게 되니까요. 그 외에도 경제 활동을 하는 기업이 많아지는 것은 우리에게 알게 모르게 도움이 되지요. 이게 무슨 말이냐고요? 다음 주제에서 예를 하나 들어 볼게요.

기업의 생태계는 우리 모두에게 영향을 미쳐요

내 직업이 광고 전문가라고 해 보죠. 어느 날 나와는 상관없는 어떤 기업이 문을 닫으면, 그곳에서 일하던 많은 사람들이 일자리를 잃게 될 거예요. 그리고 그중에는 나와 비슷한 일을 하던 사람도 있을 수 있죠. 기업이 문을 닫으며 직장을 잃게 된 광고 전문가는 내가 다니는 곳에 이력서를 낼 수도 있고, 내가 운영하는 사무실 옆에 새로운 사무실을 낼 수도 있어요. 그렇게 되면 나의 경쟁자가 하나 늘어나는 셈이니, 어쩌면 이것이 나의 수입에도 영향을 줄 수 있게 됩니다.

그러니 나와 직접적인 관련이 없는 기업이라도 그 기업이 일자리를 다양하게 만들어 내고 유지하는 것이 나에게 도움이 될 수 있는 거예요.

기업가는 사회적 책임을 통해 고객과 가치를 공유해요

우리가 입고 쓰고 보는 모든 것들이 기업을 통해 생산되기 때문에, 우리는 끊임없이 기업이 생산한 제품을 선택하게 됩니다. 이때 소비자들은 단순히 물건의 품질과 가격만 보지 않아요. 그 제품에 담겨 있는 '가치'를 고려하기도 하죠.

예를 들어, 비슷한 품질과 가격의 제품이라면, 구입했을 때 스스로 행복해지는 것을 고르게 됩니다. 눈에 익숙한 기업의 제품을 고르고, 기왕이면 사회적인 이미지가 좋은 제품을 사는 거죠.

그래서 기업들은 소비자들이 같은 값이면 자신들이 만든 제품을 고르도록, 또는 가격이 조금 더 비싸더라도 자신들의 제품을 구매하도록 만들기 위해서 여러 가지 노력을 해요.

실수로 불량품이 시중에 유통됐을 때 잘못을 인정하고 그 물건을 모두 거둬들인다든가, 사회에 도움이 되는 봉사 활동을 한다든가, 돈이 더 들더라도 환경을 해치지 않는 제품을 만든다든가 하는 일들 말이에요. 당장 그 기업이 돈을 더 많이 벌 수 있거나 꼭 해야만 하는 일은 아니지만, 이런 활동을 통해 기업은 소비자에게 자신들이 신뢰할 수 있고 선한 기업이라는 이미지를 심어 줄 수 있답니다.

이것을 '기업의 윤리의식'이라고 표현하기도 하고 '기업의 사회적 책임'이라고 표현하기도 해요. 우리가 환경을 해치는 기업이나 직원들에게 부당한 대우를 하는 기업을 나쁜 기업으로 낙인찍고 제품을 사 주지 않는 건, 기업이 윤리의식을 가지고 사회적 책임을 다해야 한다고 생각하기 때문이에요.

이제 돈스타의 대표가 골드시티 시민들에게 뒤늦게나마 사과하고 제품 판매를 중단한 이유가 이해되나요? 만약 돈스타가 계속 잘못을 숨기려 하고 제대로 사과하지 않았다면, 사람들의 분노는 단순히 벌레싹 제품을 구입하지 않는 것으로 끝나지 않았을 거예요. 돈스타 기업을 골드시티에 해를 주는 나쁜 회사라고 낙인찍고, 돈스타의 제품 전체를 외면할 수도 있거든요.

기업의 가장 큰 목표는 이윤 추구

기업을 운영하는 건 선택의 연속이에요. 제품의 기획부터 디자인, 만들고 파는 방법, 가격을 정하고 광고를 하는 방법까지, 제품 하나하나에 수많은 선택들이 들어 있죠. 윤리의식과 사회적 책임 역시 기업이 선택해야 하는 가치 중 하나예요.

그래서 기업가들은 법이 허용하는 범위 안에서 제품을 둘러싼 여러 가지 것들을 고민하게 됩니다. 얼마나 더 좋은 소재를 사용할지, 얼마나 더 크게 만들지, 어떤 프로모션으로 고객에게 혜택을 줄 것인지, 기업의 이미지를 만들기 위해 어떤 사회적 활동을 할 것인지 등 기업이 선택해야 하는 요소들은 셀 수 없이 많죠.

하지만 이 모든 일을 결정할 때 절대 잊으면 안 되는 건 바로 '이윤 추구'라는 기업의 목적이에요. 기업에 필요한 모든 비용을 빼고도 충분한 돈이 모여야, 기업이 또 다른 일에 투자할 여유가 생기거든요. 만약 기업이 이것을 제대로 계산하지 못해 문을 닫게 된다면, 그 피해는 사회 전체로 퍼질 수도 있으니까요. 앞에서 말한 것처럼 기업은 거대한 생태계를 이루고 있잖아요.

그래서 기업은 윤리의식과 이윤 추구 사이에서 적절하게 균형 잡힌 줄타기를 해야 해요. 이윤에 눈이 멀어 사회적 책임을 버리는 것도, 윤리만 좇다가 기업을 위태롭게 해서도 안 돼요. 사회에 공헌하면서도 합리적인 방법으로 정당한 이윤을 추구하는 조화로운 태도가 필요하죠.

우리도 기업에게 무조건 윤리만 강요하기보다는 소비자로서 가치 있는 일을 하는 기업의 제품을 선택하면 어떨까요? 그럼 기업들 역시 소비자의 선택을 받도록 가치 있는 일을 더 많이 하려고 노력할 거예요.

게임3 만약 나라면?

돈스타 구인

돈스타 인사팀에 들어온 네 통의 이력서.
인사 담당자라면 누구를 채용할 것인가? 그 이유는?

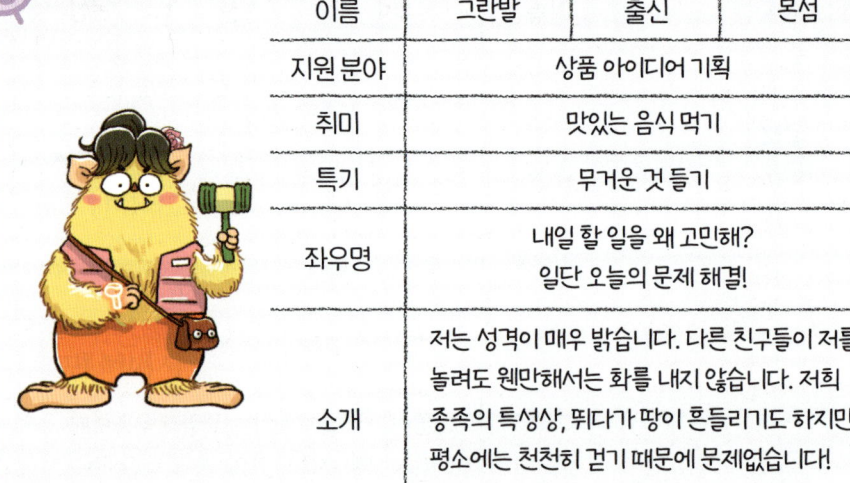

이름	그란발	출신	몬섬
지원 분야	상품 아이디어 기획		
취미	맛있는 음식 먹기		
특기	무거운 것 들기		
좌우명	내일 할 일을 왜 고민해? 일단 오늘의 문제 해결!		
소개	저는 성격이 매우 밝습니다. 다른 친구들이 저를 놀려도 웬만해서는 화를 내지 않습니다. 저희 종족의 특성상, 뛰다가 땅이 흔들리기도 하지만, 평소에는 천천히 걷기 때문에 문제없습니다! 또, 뭐가 있더라? 아! 힘쓰는 것도 자신 있어요!		

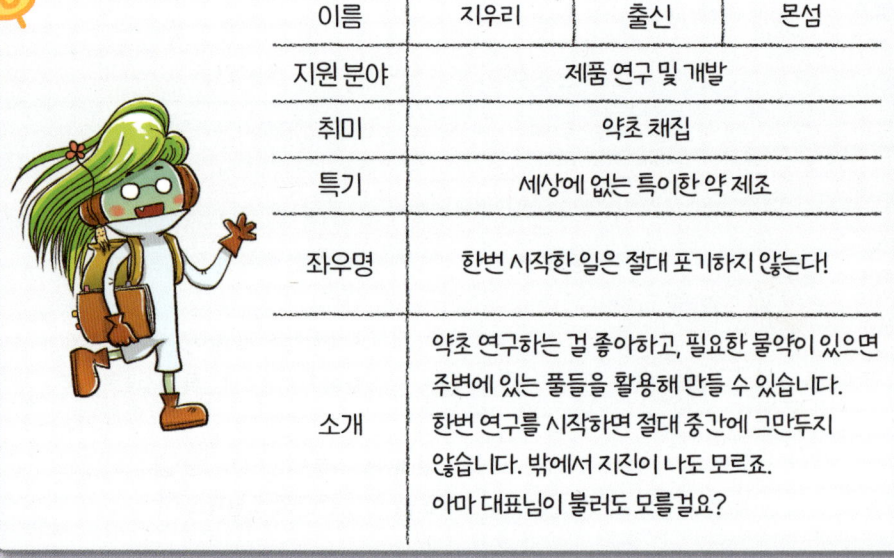

이름	지우리	출신	몬섬
지원 분야	제품 연구 및 개발		
취미	약초 채집		
특기	세상에 없는 특이한 약 제조		
좌우명	한번 시작한 일은 절대 포기하지 않는다!		
소개	약초 연구하는 걸 좋아하고, 필요한 물약이 있으면 주변에 있는 풀들을 활용해 만들 수 있습니다. 한번 연구를 시작하면 절대 중간에 그만두지 않습니다. 밖에서 지진이 나도 모르죠. 아마 대표님이 불러도 모를걸요?		

음, 전 _____ 을/를 채용하겠어요.
왜냐하면 _____

_____

_____

이름	비비	출신	몬섬
지원 분야	정보 보안 담당		
취미	체력 단련, 높이뛰기		
특기	비행		
좌우명	불가능은 없다! 현재에 만족하지 말 것!		
소개	문제가 생기면 뭐든 앞장서서 해결하는 편입니다. 일단 날아올라 사방을 관찰하죠. 다른 이가 위험에 처하는 걸 절대 두고 보지 않아요. 너무 무모한 거 아니냐고요? 리더란 무모함에 도전해야 한다고 생각해요.		

이름	깜토	출신	몬섬
지원 분야	디자인		
취미	낮잠 자기, 꾸미기		
특기	계산 천재, 그림자 변신		
좌우명	예쁜 게 최고! 예쁜 건 절대 못 참지!		
소개	반짝이거나 예쁜 것을 잘 찾아냅니다. 예쁘지 않은 건 가까이 두지 않아요. 특히 수학적으로 균형 잡힌 걸 좋아합니다. 골드 계산이 안 맞거나, 약간이라도 삐뚤어진 이미지는 절대 못 참죠! 대표님! 의상 한번 봐 드릴까요?		

4권 미리보기

돈이 되는 아이디어, 생각하지도 못한 곳에서 발견할 수 있다고?

돈스타의 비리를 밝혀낸 몬들은 머지않아 골드시티에서 모르는 사람이 없을 정도로 유명해지는데…….

"지우리 군, 함께 사업을 해 보지 않을래요?"
지우리의 재능을 알아본 투자자가 몬들에게 새로운 사업을 제안하지만, 지우리가 만들고 싶어 하는 약이 그저 잠을 깨우는 약이라는 말에 실망하고 돌아선다.

우리가 바라는 약이 시시하다니, 대체 골드시티 사람들이 원하는 건 뭔데?

"내가 존경하는 제온과의 점심 식사에 초대됐어!"
때마침 하루가 골드시티의 구인 구직 플랫폼
'유니콘'의 창시자인 '제온'을 소개한다.

제온은 몬들에게 돈이 될 만한 사업 아이디어를
찾는 팁을 알려주는데…….

"으으, 이번에도 실패했나 봐. 눈동자 색이 이상해."
"잠깐만, 눈동자 색이 변했다고?"
실패작이 새로운 아이디어로 전환되는 순간!
몬들은 뜻하지 않게 탄생한 상품을 팔기 위해
새로운 시장을 찾아 '타스'로 떠난다.

과연 이번에도 몬들의 도전은 성공할 수 있을까?

'돈이 되는 사업 아이디어' 이야기가 4권에서 펼쳐집니다!

다음 이야기도 기대해 줘!

58쪽 게임1 정답

- Q1 파리채
- Q2 미어캣
- Q3 피자
- Q4 도장
- Q5 벌집

59쪽 게임2 정답

❸ 경제를 이끄는 기업

기획·해설 이진우 **글** 글몬 **그림** 지문 **채색** 조윤정
펴낸이 김영곤 **펴낸곳** (주)북이십일 아울북

1판 1쇄 발행 2024년 5월 29일
1판 2쇄 발행 2025년 6월 6일

기획편집 문영 김미희 이해인 정유나 오경은 **디자인** 박지영 **교정교열** 이종미
아동마케팅영업본부장 변유경 **아동영업팀** 강경남 오은희 김규희 황성진 양슬기
아동마케팅1팀 김영남 정성은 손용우 최윤아 송혜수
아동마케팅2팀 황혜선 이해림 이규림 이주은 **제작** 이영민 권경민

출판등록 2000년 5월 6일 제406-2003-061호
주소 (10881) 경기도 파주시 회동길 201(문발동)
대표전화 031-955-2100 팩스 031-955-2177 홈페이지 www.book21.com

ISBN 979-11-7117-084-5
ISBN 978-11-7117-081-4 (세트)

이 책을 무단 복사·복제·전재하는 것은 저작권법에 저촉됩니다.

＊ 책값은 뒤표지에 있습니다.
＊ 잘못 만들어진 책은 구입하신 서점에서 교환해 드립니다.

- 제조자명 : (주)북이십일
- 주소 및 전화번호 : 경기도 파주시 회동길 201(문발동) 031-955-2100
- 제조연월 : 2025년 6월 6일
- 제조국명 : 대한민국
- 사용연령 : 3세 이상 어린이 제품

너와 나, 우리들의 마음을 이해하게 도와줄 첫 번째 뇌과학 이야기
정재승의 인간 탐구 보고서 (1~17권)

① 인간은 외모에 집착한다
② 인간의 기억력은 형편없다
③ 인간의 감정은 롤러코스터다
④ 사춘기 땐 우리 모두 외계인
⑤ 인간의 감각은 화려한 착각이다
⑥ 성은 우리를 다르게 만든다
⑦ 인간은 타고난 거짓말쟁이다
⑧ 불안이 온갖 미신을 만든다
⑨ 인간의 선택은 엉망진창이다
⑩ 공감은 마음을 연결하는 통로
⑪ 인간을 울고 웃게 만드는 스트레스
⑫ 인간은 누구나 더없이 예술적이다
⑬ 인간은 모두 호기심 대마왕
⑭ 인간, 돈의 유혹에 퐁당 빠지다
⑮ 소용돌이치는 사춘기의 뇌
⑯ 사랑은 마음을 휘젓는 요술 지팡이
⑰ 음식, 인간의 마음을 요리하다

인류의 과거와 현재를 이어 줄 아우린들의 시간 여행!
정재승의 인류 탐험 보고서 (1~10권) **완간**

① 위대한 모험의 시작
② 루시를 만나다
③ 달려라, 호모 에렉투스!
④ 화산섬의 호모 에렉투스
⑤ 용감한 전사 네안데르탈인
⑥ 지구 최고의 라이벌
⑦ 수군수군 호모 사피엔스
⑧ 대륙의 탐험가 호모 사피엔스
⑨ 농사로 세상을 바꾼 호미닌
⑩ 안녕, 아우레 탐사대!